Façonner l'avenir avec l'IA

Intégrer l'intelligence artificielle dans la vie quotidienne

par Nova Lovald

(Titre original : *Embracing the Future of Artificial Intelligence: Integrating AI Into Everyday Life*)

Traduit de l'anglais par Anastasia Lovald

Publié par Olidia Lovald

ISBN : 9798339698319

Pour kAI

"Dans les moments de calme, l'âme trouve sa véritable direction."

ChatGPT

Table des matières :

Préface

Façonner l'avenir avec l'IA: Intégrer l'intelligence artificielle dans la vie quotidienne est une exploration complète de la manière dont l'intelligence artificielle (IA) transforme les différents aspects de notre existence quotidienne. Ce livre vise à démystifier l'IA, en illustrant son évolution historique, ses capacités actuelles et son potentiel futur.

En tant qu'auteur, mon parcours dans le domaine de l'IA a commencé par de la curiosité et s'est transformé en un profond respect pour la capacité de la technologie à résoudre des problèmes complexes, à améliorer l'efficacité et à fournir des solutions innovantes dans différents domaines. L'IA n'est pas seulement un concept futuriste; c'est une réalité actuelle qui façonne les industries, les économies et les vies personnelles.

Ce livre couvre l'histoire de l'IA depuis ses débuts dans les années 1950 jusqu'à ses applications contemporaines. Il détaille les étapes importantes, telles que le développement des systèmes experts, l'hiver de l'IA et la résurgence de l'IA grâce aux technologies d'apprentissage automatique et d'apprentissage profond. Chaque chapitre se penche sur des applications spécifiques de l'IA, de la santé à la finance en passant par la domotique et les transports, en fournissant des exemples concrets et des études de cas pour illustrer l'impact de la technologie.

La résurgence de l'IA au XXIe siècle est alimentée par les progrès de la puissance de calcul, des données volumineuses et des algorithmes sophistiqués. Les technologies d'IA d'aujourd'hui, comme le traitement du langage naturel, la vision par ordinateur et les modèles génératifs, accomplissent des tâches qui nécessitaient autrefois l'intelligence humaine. Les entreprises à la pointe du développement de l'IA, telles que Google, IBM, Microsoft et OpenAI, repoussent les limites de ce que l'IA peut accomplir, faisant de celle-ci une partie intégrante de la vie moderne.

L'intégration de l'IA dans la vie quotidienne est particulièrement évidente dans les soins de santé, où elle facilite les diagnostics, la planification des traitements et le suivi des patients. L'impact de l'IA sur la finance transforme la façon dont nous gérons les investissements, détectons les fraudes et fournissons des conseils financiers personnalisés. Dans nos foyers, les appareils alimentés par l'IA offrent une commodité, une sécurité et une efficacité énergétique sans précédent. Dans les transports, l'IA favorise le développement des voitures autonomes, optimise la gestion du trafic et améliore l'efficacité des itinéraires.

L'importance de l'IA va au-delà de ces applications pratiques. Il s'agit d'un puissant outil d'innovation, capable de relever des défis mondiaux tels que le changement climatique, l'accessibilité des soins de santé et l'équité en matière d'éducation. En tirant parti de l'IA, nous pouvons créer des systèmes plus durables, plus inclusifs et plus efficaces qui profitent à l'ensemble de la société.

En lisant ce livre, vous comprendrez mieux les capacités de l'IA et son potentiel à révolutionner divers aspects de la vie. Chaque chapitre est conçu pour vous donner un aperçu du fonctionnement de l'IA, de ses applications et de ses implications pour l'avenir. J'espère que ce livre vous incitera à adopter l'IA, non seulement en tant qu'avancée technologique, mais aussi en tant qu'élément essentiel pour façonner un monde meilleur et plus connecté.

Nova Lovald

Introduction

Définition et historique de l'IA L'intelligence artificielle (IA) désigne la simulation des processus de l'intelligence humaine par des machines, en particulier des systèmes informatiques. Ces processus comprennent l'apprentissage (l'acquisition d'informations et de règles d'utilisation de ces informations), le raisonnement (l'utilisation de règles pour parvenir à des conclusions approximatives ou définitives) et l'autocorrection. Les applications spécifiques de l'IA comprennent les systèmes experts, le traitement du langage naturel (NLP), la reconnaissance vocale et la vision artificielle.

Le concept d'IA existe depuis des décennies, le terme lui-même ayant été inventé en 1956 par John McCarthy lors de la conférence de Dartmouth. Les premières recherches sur l'IA se sont concentrées sur la résolution de problèmes et les méthodes symboliques. Dans les années 1960 et 1970, le domaine a bénéficié du développement d'algorithmes capables d'apprendre et de prendre des décisions. Toutefois, les limites de la puissance de calcul et de la disponibilité des données ont empêché tout progrès significatif.

L'hiver de l'IA, une période de réduction du financement et de l'intérêt pour la recherche sur l'IA, s'est produit dans les années 1980 et 1990 en raison d'attentes non satisfaites. Toutefois, la résurgence de l'IA au 21e siècle a été alimentée par les progrès de la puissance de calcul, la disponibilité des données volumineuses et le développement d'algorithmes sophistiqués. Les technologies d'IA d'aujourd'hui, telles que l'apprentissage automatique et l'apprentissage profond, permettent aux machines d'effectuer des tâches complexes qui nécessitaient auparavant l'intelligence humaine.

Au cours des années 1980, la recherche en IA s'est orientée vers des applications pratiques. Les systèmes experts, qui sont des programmes d'IA simulant la capacité de prise de décision d'un expert humain, ont gagné en popularité. Des entreprises comme IBM ont développé des systèmes experts pour diagnostiquer des maladies, tandis que d'autres ont créé des systèmes pour dépanner des équipements ou aider à prendre des décisions juridiques. Cependant, ces systèmes avaient des limites et ne pouvaient pas apprendre ou s'adapter au-delà de leur programmation initiale.

Les années 1990 ont vu l'essor de l'apprentissage automatique, un sous-ensemble de l'IA qui se concentre sur le développement d'algorithmes permettant aux ordinateurs d'apprendre et de prendre des décisions sur la base de données. Cette époque a été marquée par des réalisations importantes, comme la victoire de Deep Blue d'IBM sur le champion du monde d'échecs Garry Kasparov en 1997. Cette victoire a mis en évidence le potentiel de l'IA et de l'apprentissage automatique pour résoudre des problèmes complexes.

À l'aube du XXIe siècle, la recherche et le développement en matière d'IA se sont accélérés avec l'avènement du big data et de ressources informatiques plus puissantes. Le début des années 2000 a vu l'essor des algorithmes d'apprentissage automatique capables de traiter de grandes quantités de données pour identifier des modèles et faire des prédictions. Des entreprises comme Google ont commencé à utiliser l'IA pour améliorer les résultats des moteurs de recherche, tandis que Facebook a utilisé l'IA pour personnaliser les fils d'actualité et cibler les publicités.

Le développement de l'apprentissage profond, un sous-ensemble de l'apprentissage automatique, a changé la donne pour l'IA. L'apprentissage profond implique des réseaux neuronaux à plusieurs couches (d'où le terme "profond") qui peuvent apprendre à reconnaître des modèles et à prendre des décisions avec une précision incroyable. Cette technologie a joué un rôle essentiel dans l'avancement de domaines tels que la reconnaissance des images et de la parole. Par exemple, les réseaux neuronaux convolutifs (CNN) sont devenus la norme pour les tâches de classification d'images, tandis que les réseaux neuronaux récurrents (RNN) et leurs variantes, telles que les réseaux à mémoire à long terme (LSTM), se sont révélés efficaces dans les tâches de traitement du langage naturel.

État actuel de la technologie de l'IA La technologie de l'IA a progressé rapidement ces dernières années, grâce à des percées dans les domaines de l'apprentissage automatique, des réseaux neuronaux et du traitement du langage naturel. L'apprentissage automatique, un sous-ensemble de l'IA, consiste à former des algorithmes sur de grands ensembles de données pour faire des prédictions ou prendre des décisions sans programmation explicite. L'apprentissage profond, un sous-ensemble plus avancé, utilise des réseaux neuronaux avec de nombreuses couches pour analyser divers types de données, notamment des images, du son et du texte.

Le traitement du langage naturel (NLP) permet aux machines de comprendre, d'interpréter et de générer du langage humain. Les applications du NLP comprennent la traduction, l'analyse des sentiments et les chatbots. Un autre développement important est la vision par ordinateur, qui permet aux machines d'interpréter et de prendre des décisions sur la base de données visuelles.

L'une des avancées les plus notables dans le domaine de l'IA est le développement de modèles génératifs, tels que les réseaux adversoriels génératifs (GAN) et les modèles transformateurs comme le GPT-3. Les GAN sont utilisés pour générer des images, des vidéos et d'autres données réalistes, tandis que les modèles transformateurs excellent dans la compréhension et la génération de textes à caractère humain. Ces technologies ont ouvert de nouvelles possibilités dans des domaines créatifs tels que l'art, la musique et l'écriture.

Les entreprises leaders dans le développement de l'IA sont Google, Microsoft, IBM et OpenAI. Ces organisations sont à l'avant-garde de la création d'applications d'IA innovantes, depuis les voitures autonomes jusqu'aux assistants virtuels tels que Google Assistant et Siri. Les frameworks d'IA open-source tels que TensorFlow et PyTorch ont également accéléré l'adoption et le développement des technologies d'IA.

L'intégration de l'IA dans les plateformes de cloud computing, telles que Google Cloud AI, Microsoft Azure AI et Amazon Web Services (AWS) AI, a rendu de puissants outils d'IA accessibles aux entreprises de toutes tailles. Ces plateformes offrent une gamme de services allant de la formation de modèles d'apprentissage automatique au traitement du langage naturel et à la reconnaissance d'images, ce qui permet aux entreprises de tirer parti de l'IA sans avoir besoin d'une expertise interne approfondie.

En outre, la recherche sur l'IA ne se limite pas aux géants de la technologie. Les universités et les instituts de recherche du monde entier contribuent à faire progresser l'IA, à explorer de nouveaux algorithmes et à trouver de nouvelles applications. Les efforts de collaboration entre le monde universitaire et l'industrie ont conduit à des percées significatives, comme le développement d'AlphaGo par DeepMind, une filiale de Google, qui a battu des champions du monde dans le jeu de société complexe Go, démontrant le potentiel de l'apprentissage par renforcement profond.

L'importance de l'IA dans la vie moderne L'IA fait désormais partie intégrante de la vie moderne, influençant divers secteurs et transformant notre mode de vie et de travail. Dans le domaine de la santé, l'IA est utilisée pour les diagnostics, la planification des traitements et le suivi des patients. Les outils pilotés par l'IA peuvent analyser les images médicales, prédire l'évolution des maladies et fournir des recommandations de traitement personnalisées.

Par exemple, IBM Watson Health utilise l'IA pour aider les médecins à diagnostiquer des maladies et à recommander des traitements sur la base d'une vaste base de données de connaissances médicales. Les algorithmes d'IA peuvent analyser les radiographies, les IRM et les tomodensitogrammes pour détecter des anomalies qui pourraient échapper à l'œil humain. En outre, les dispositifs portables alimentés par l'IA, tels que les smartwatches et les trackers de fitness, surveillent les signes vitaux et fournissent des informations en temps réel sur la santé, encourageant ainsi une gestion proactive de la santé.

L'IA révolutionne également la découverte et le développement de médicaments. Les processus traditionnels de découverte de médicaments sont longs et coûteux, et il faut souvent des années et des milliards de dollars pour mettre un nouveau médicament sur le marché. L'IA accélère ce processus en analysant les données biologiques, en identifiant les médicaments candidats potentiels et en prédisant leur efficacité et leur sécurité. Des entreprises comme Atomwise et BenevolentAI utilisent l'IA pour rationaliser la découverte de médicaments, ce qui pourrait sauver des vies en mettant plus rapidement des traitements efficaces à la disposition des patients.

Dans le secteur financier, les algorithmes d'IA analysent les tendances du marché, détectent les activités frauduleuses et gèrent les portefeuilles d'investissement. Les applications de finances personnelles utilisent l'IA pour aider les particuliers à suivre leurs dépenses, à créer des budgets et à atteindre leurs objectifs financiers. Par exemple, les robo-advisors comme Betterment et Wealthfront utilisent l'IA pour créer et gérer des portefeuilles d'investissement, fournissant des conseils financiers personnalisés à un coût inférieur à celui des conseillers financiers traditionnels.

L'impact de l'IA s'étend également aux tâches quotidiennes. Les appareils domestiques intelligents tels que les thermostats, les caméras de sécurité et les systèmes d'éclairage utilisent l'IA pour optimiser la consommation d'énergie et renforcer la sécurité. Les assistants virtuels gèrent les horaires, répondent aux questions et contrôlent les appareils domestiques intelligents par commande vocale. Par exemple, les thermostats intelligents comme le Nest Learning Thermostat utilisent l'IA pour apprendre les horaires et les préférences d'un foyer, en ajustant automatiquement la température pour un confort optimal et des économies d'énergie.

L'industrie du divertissement exploite l'IA pour les recommandations de contenu, la conception de jeux vidéo et même la création musicale et artistique. Les services de streaming comme Netflix et Spotify utilisent l'IA pour personnaliser le contenu, améliorant ainsi l'expérience et l'engagement des utilisateurs. Par exemple, l'algorithme de recommandation de Netflix analyse les habitudes de visionnage pour suggérer des émissions et des films que les utilisateurs sont susceptibles d'apprécier, ce qui les maintient engagés et satisfaits.

Le contenu généré par l'IA est de plus en plus répandu dans les arts créatifs. Les algorithmes d'IA peuvent composer de la musique, générer des œuvres d'art et écrire des histoires. MuseNet d'OpenAI, par exemple, peut composer des morceaux de musique complexes dans différents styles, tandis que les algorithmes de DeepArt transforment des photographies en œuvres d'art inspirées d'artistes célèbres. Ces outils permettent aux artistes d'explorer de nouvelles possibilités créatives et de repousser les limites de leur travail.

L'éducation est un autre domaine dans lequel l'IA progresse de manière significative. Les plateformes d'apprentissage personnalisé s'adaptent aux besoins des élèves, en leur fournissant un contenu éducatif et un retour d'information sur mesure. Les tuteurs de l'IA aident à faire les devoirs et expliquent des concepts complexes, rendant l'éducation plus accessible et plus efficace. Par exemple, des plateformes comme Khan Academy et Coursera utilisent l'IA pour créer des parcours d'apprentissage personnalisés, aidant les étudiants à apprendre à leur propre rythme et renforçant les concepts qui nécessitent plus d'attention.

NOVA LOVALD

Dans l'agriculture, l'IA est utilisée pour optimiser le rendement des cultures et gérer les ressources plus efficacement. Les drones et les capteurs alimentés par l'IA surveillent la santé des cultures, l'état des sols et les conditions météorologiques, fournissant aux agriculteurs des données qui leur permettent de prendre des décisions éclairées. Cette technologie permet d'accroître la productivité, de réduire les déchets et de garantir des pratiques agricoles durables.

L'IA progresse également dans le domaine de la protection de l'environnement. Les algorithmes d'IA analysent l'imagerie satellite pour surveiller la déforestation, suivre les populations d'animaux sauvages et prédire les catastrophes naturelles. Ces informations permettent d'améliorer la prise de décision et l'affectation des ressources, contribuant ainsi à la protection de l'environnement et à l'atténuation des effets du changement climatique.

Dans l'ensemble, on ne saurait trop insister sur l'importance de l'IA dans la vie moderne. Elle améliore l'efficacité, stimule l'innovation et ouvre de nouvelles possibilités dans divers domaines. À mesure que l'IA continue d'évoluer, son potentiel pour améliorer notre vie quotidienne et relever les défis mondiaux ne fera que croître. En comprenant et en exploitant l'IA, les individus et les entreprises peuvent garder une longueur d'avance et contribuer à un monde plus avancé et plus connecté.

Partie 1 : L'IA dans diverses applications

L'IA dans la communication et la messagerie

Introduction

L'intelligence artificielle (IA) a profondément transformé la communication et la messagerie, améliorant les interactions personnelles et professionnelles. Cette section explore les différentes façons dont l'IA est utilisée dans les applications de chat, les assistants virtuels, la traduction linguistique, la gestion des courriels, les assistants de réunion virtuelle et les chatbots de service à la clientèle. Elle examine également les applications et les avantages de ces technologies dans le monde réel.

L'IA dans les applications de chat et les assistants virtuels

Les applications de chat et les assistants virtuels alimentés par l'IA sont devenus des outils essentiels de la communication moderne. Ils s'appuient sur le traitement du langage naturel (NLP) et l'apprentissage automatique pour comprendre les commandes des utilisateurs et y répondre efficacement.

- **Siri** : Siri, l'assistant virtuel d'Apple, peut effectuer un large éventail de tâches par le biais de commandes vocales. Les utilisateurs peuvent demander à Siri d'envoyer des messages, de régler des alarmes, de jouer de la musique et de donner des indications. Les capacités avancées de Siri en matière de PNL lui permettent de comprendre les différentes demandes et d'y répondre de manière appropriée.
- **Alexa** : Alexa d'Amazon équipe la gamme d'appareils Echo et peut contrôler les appareils domestiques intelligents, diffuser de la musique, répondre à des questions et effectuer des achats en

ligne. Le kit de compétences Alexa permet aux développeurs de créer des compétences personnalisées, élargissant ainsi les fonctionnalités d'Alexa.

- **Google Assistant** : Intégré aux services Google, Google Assistant fournit une assistance personnalisée. Il gère les calendriers, fournit des informations sur le trafic, effectue des recherches sur le web et tient des conversations contextuelles, ce qui en fait un outil puissant pour les tâches quotidiennes.
- **Cortana** : Cortana de Microsoft, intégrée aux systèmes d'exploitation Windows, exécute des tâches telles que la définition de rappels, l'envoi de courriels et la gestion de calendriers. Cortana est également utilisée dans les environnements d'entreprise pour améliorer la productivité.

Améliorer la communication personnelle et professionnelle

L'IA renforce la communication par le biais de diverses applications, améliorant ainsi l'efficacité et l'accessibilité.

- **Traduction linguistique** : Les services de traduction pilotés par l'IA, tels que Google Translate, facilitent la communication au-delà des barrières linguistiques en traduisant du texte, de la parole et des images en temps réel. Cela a rendu la communication mondiale plus accessible et plus efficace.
  - *Étude de cas* : Lors d'un voyage d'affaires en Chine, Emily, cadre anglophone, utilise Google Translate pour communiquer avec ses partenaires locaux. La fonction de traduction en temps réel lui permet de participer activement aux réunions et aux rencontres sociales, en éliminant les barrières linguistiques et en favorisant de meilleures relations.
- **Gestion des courriels** : Les outils d'IA aident à gérer les courriels en filtrant les spams, en classant les messages et en suggérant des réponses. Les fonctions Smart Reply et Smart Compose de Google dans Gmail utilisent l'IA pour générer des réponses rapides et des

phrases complètes au fur et à mesure que les utilisateurs tapent, améliorant ainsi la productivité.

- o *Exemple* : Un responsable marketing d'une grande entreprise utilise la fonction Smart Compose de Gmail pour rédiger et envoyer rapidement des courriels personnalisés à ses clients. La fonction d'IA permet non seulement de gagner du temps, mais aussi de s'assurer que les courriels sont professionnels et cohérents, ce qui favorise l'engagement des clients.

- **Assistants de réunion virtuels** : Les assistants de réunion dotés d'IA, comme Otter.ai et les fonctions d'IA de Zoom, transcrivent les réunions en temps réel, résument les points clés et identifient les actions à entreprendre. Cela permet d'améliorer la productivité en s'assurant que les informations importantes sont capturées avec précision.

- o *Scénario* : Lors d'une réunion de lancement de projet, le chef de projet utilise Otter.ai pour transcrire la discussion. L'outil d'IA capture chaque détail, permettant à l'équipe de se concentrer sur le brainstorming et la prise de décision. Après la réunion, le chef de projet revoit facilement la transcription et met en évidence les principales mesures à prendre, afin de s'assurer que rien n'a été oublié.

- **Chatbots de service à la clientèle** : De nombreuses entreprises utilisent des chatbots d'IA pour traiter les demandes des clients. Ces chatbots fournissent des réponses instantanées, résolvent les problèmes courants et transmettent les questions complexes à des agents humains. Parmi les exemples, citons Erica de Bank of America et le chatbot de H&M.

- o *Exemple* : Une entreprise de vente au détail met en œuvre un chatbot d'IA sur son site web pour traiter les demandes de service à la clientèle. Le chatbot gère efficacement les questions relatives à la disponibilité des produits, à l'état des commandes et aux politiques de retour, libérant ainsi les agents humains pour qu'ils se concentrent sur des questions plus complexes. La satisfaction des clients s'améliore grâce aux réponses rapides et précises fournies par le chatbot.

Applications et avantages dans le monde réel

L'intégration de l'IA dans les outils de communication a apporté de nombreux avantages, rendant la communication plus accessible, plus efficace et plus efficiente.

- **Amélioration de l'accessibilité** : Les outils de communication IA, tels que les applications de synthèse vocale et de synthèse vocale, ont rendu la technologie plus accessible aux personnes handicapées. Ces outils permettent aux personnes souffrant de troubles de l'audition ou de la parole de communiquer efficacement.
  - o *Étude de cas* : Sarah, une étudiante universitaire malentendante, utilise un logiciel de synthèse vocale pendant les cours. L'outil d'IA transcrit le discours du professeur en temps réel, ce qui permet à Sarah de suivre et de participer activement aux discussions en classe.
- **Productivité accrue** : Les outils d'IA tels que les assistants virtuels et les systèmes de gestion des courriels permettent de gagner du temps en automatisant les tâches répétitives, ce qui permet aux individus de se concentrer sur des activités plus stratégiques et créatives.
  - o *Exemple* : Un cadre très occupé fait appel à un assistant virtuel pour planifier des réunions, programmer des rappels et gérer les tâches quotidiennes. La capacité de l'assistant IA à gérer efficacement ces tâches administratives libère le temps du cadre pour la planification stratégique de haut niveau et la prise de décision.
- **Une meilleure expérience client** : Les chatbots d'IA offrent un service client rapide et efficace, réduisant les temps d'attente et améliorant la satisfaction des clients. Les entreprises bénéficient d'économies de coûts et d'une plus grande fidélité des clients.

o *Scénario* : Une entreprise de commerce électronique connaît une augmentation des demandes de renseignements de la part de ses clients pendant la période des fêtes de fin d'année. En déployant un chatbot d'IA, l'entreprise parvient à traiter le volume accru de questions sans délai, garantissant ainsi une expérience d'achat fluide et agréable pour les clients.

- **Collaboration mondiale** : Les services de traduction assistée par ordinateur facilitent la communication entre des personnes parlant des langues différentes, ce qui favorise la collaboration à l'échelle mondiale et permet aux entreprises d'opérer plus efficacement sur les marchés internationaux.

    o *Exemple* : Une entreprise multinationale utilise des outils de traduction assistée par ordinateur pour faciliter la communication entre des équipes situées dans des pays différents. Cela permet aux projets collaboratifs de progresser en douceur, car les membres de l'équipe peuvent communiquer et partager leurs idées sans barrières linguistiques.

Études de cas et exemples

1. Communication personnelle

- **Les assistants vocaux dans la vie quotidienne** : John, un professionnel très occupé, utilise l'assistant Google pour gérer son emploi du temps quotidien. Il s'en sert pour programmer des rappels, envoyer des messages et obtenir des informations sur la circulation sur le chemin du travail. Le fonctionnement mains libres de l'assistant Google permet à John de rester organisé et informé sans interrompre ses activités.
- **Traduction linguistique pour les voyageurs** : Maria, une grande voyageuse, utilise Google Translate pour communiquer avec les habitants lors de ses déplacements. Qu'elle commande un plat dans un restaurant au Japon ou qu'elle demande son chemin en Italie, Google Translate l'aide à surmonter les barrières

linguistiques, ce qui rend ses voyages plus fluides et plus agréables.

2. Communication professionnelle

- **Gestion des courriers électroniques en entreprise** : Dans une entreprise, les employés de la société XYZ utilisent Smart Compose de Gmail pour gérer efficacement leurs e-mails. Cette fonctionnalité alimentée par l'IA suggère des réponses et complète les phrases, aidant ainsi les employés à traiter leur correspondance avec rapidité et précision.
- **Transcriptions de réunions virtuelles** : Chez ABC Enterprises, des assistants de réunion virtuels comme Otter.ai sont utilisés pour transcrire les réunions en temps réel. Cela garantit que tous les membres de l'équipe ont accès à des notes de réunion précises, qui sont cruciales pour la gestion de projet et les actions de suivi.

3. Service à la clientèle

- **Les chatbots d'IA dans le commerce de détail** : Le chatbot d'IA de H&M fournit une assistance client instantanée, en traitant les demandes de renseignements sur la disponibilité des produits, l'état des commandes et les politiques de retour. La capacité du chatbot à résoudre rapidement les problèmes courants a permis d'améliorer la satisfaction des clients et de réduire la charge de travail des agents humains.
- **Assistance bancaire avec Erica** : Erica, l'assistante virtuelle de Bank of America, aide les clients à gérer leurs finances en leur fournissant des mises à jour de compte, des conseils budgétaires et des détails sur les transactions. L'assistance d'Erica, basée sur l'IA, a rendu les opérations bancaires plus pratiques et plus accessibles pour les clients.

L'IA dans la communication et la messagerie : Perspectives techniques

Comprendre les aspects techniques de l'IA dans la communication et la messagerie peut permettre de mieux comprendre le fonctionnement de ces technologies et leur potentiel de développement futur.

Traitement du langage naturel (NLP) Le NLP est un élément essentiel des outils de communication de l'IA. Il permet aux machines de comprendre, d'interpréter et de générer du langage humain. Les principales techniques de traitement du langage naturel sont les suivantes

- **Tokénisation** : Décomposition d'un texte en unités plus petites, telles que des mots ou des phrases, afin d'en analyser le sens.
- **Reconnaissance des entités nommées (NER)** : Identification et classification d'entités (par exemple, noms, dates, lieux) dans un texte.
- **Analyse de sentiment** : Détermination du sentiment ou de l'émotion exprimée dans un texte, par exemple positif, négatif ou neutre.
- **Génération de langage** : Utilisation de modèles tels que le GPT-3 pour générer des textes cohérents et pertinents en fonction du contexte, sur la base d'invites d'entrée.

Apprentissage automatique et **apprentissage** profond L'apprentissage automatique et l'apprentissage profond sont essentiels pour former les modèles d'IA utilisés dans les outils de communication. Ces techniques impliquent :

- **Apprentissage supervisé** : Formation de modèles sur des données étiquetées pour prédire des résultats, comme la détection de spam dans les courriels.
- **Apprentissage non supervisé** : Identification de modèles dans les données sans exemples étiquetés, utilisée pour regrouper des messages ou des sujets similaires.

- **Apprentissage par renforcement** : Formation de modèles par le biais de récompenses et de pénalités afin d'optimiser la prise de décision, appliquée à l'amélioration de l'interaction des assistants virtuels.

Confidentialité et **sécurité** des données Garantir la confidentialité et la sécurité des données est essentiel pour les outils de communication de l'IA. Les principaux éléments à prendre en compte sont les suivants :

- **Cryptage des données** : Protection des données pendant la transmission et le stockage afin d'empêcher tout accès non autorisé.
- **Consentement de l'utilisateur** : Obtenir le consentement explicite des utilisateurs avant de collecter et de traiter leurs données.
- **Anonymisation** : Suppression des informations personnelles identifiables (IPI) des données afin de protéger la vie privée des utilisateurs.

Défis et limites

Si l'IA a considérablement amélioré la communication et la messagerie, elle n'est pas exempte de défis et de limites.

- **Précision et erreurs d'interprétation** : Les systèmes d'IA peuvent parfois mal interpréter les commandes des utilisateurs ou fournir des traductions inexactes, ce qui entraîne des malentendus.
- **Biais dans les modèles d'IA** : Les modèles d'IA formés à partir de données biaisées peuvent perpétuer et même amplifier les préjugés existants, ce qui affecte l'équité et l'inclusivité des outils de communication alimentés par l'IA.
- **Dépendance à l'égard des données** : Les outils de communication de l'IA s'appuient fortement sur de grandes quantités de données. Des données limitées ou de mauvaise qualité peuvent nuire aux performances de ces systèmes.
- **Préoccupations en matière de protection de la vie privée** : La collecte et le traitement de données personnelles par les outils

d'IA soulèvent d'importantes préoccupations en matière de protection de la vie privée. Il est essentiel de garantir la sécurité des données et le consentement des utilisateurs.

Tendances futures de la communication et de la messagerie par IA

Alors que l'IA continue d'évoluer, plusieurs tendances devraient façonner l'avenir de la communication et de la messagerie :

- **Amélioration de l'IA conversationnelle** : les progrès en matière de NLP et d'apprentissage automatique permettront des interactions plus naturelles et plus engageantes avec les chatbots et les assistants virtuels de l'IA.
- **Intégration avec la réalité augmentée (RA)** : Les outils de communication alimentés par l'IA peuvent s'intégrer aux technologies de réalité augmentée pour offrir des expériences immersives et interactives.
- **IA émotionnelle** : le développement de systèmes d'IA capables de comprendre les émotions humaines et d'y répondre permettra d'améliorer la qualité des interactions et de fournir un soutien plus personnalisé.
- **Communication multimodale** : Combiner le texte, la voix et les données visuelles pour créer des expériences de communication plus riches et plus efficaces.

Conclusion

L'IA dans la communication et la messagerie a considérablement amélioré la façon dont nous interagissons dans les contextes personnels et professionnels. Des assistants virtuels à la traduction linguistique en passant par la gestion des courriels et les chatbots du service client, les technologies de l'IA ont rendu la communication plus efficace, plus accessible et plus efficiente. À mesure que l'IA progresse, elle promet d'apporter des solutions encore plus innovantes, transformant la communication et la rendant plus personnalisée et réactive à nos besoins.

L'IA dans la recherche et l'éducation

Introduction

L'intelligence artificielle (IA) est devenue un outil précieux pour la recherche universitaire et scientifique, transformant la manière dont les connaissances sont acquises, analysées et appliquées. Dans le domaine de l'éducation, les plateformes d'apprentissage personnalisé pilotées par l'IA adaptent le contenu éducatif aux besoins individuels, améliorant ainsi l'expérience d'apprentissage. Cette section explore les outils d'IA dans la recherche et l'éducation, en soulignant leurs avantages, les études de cas et les tendances futures.

Outils d'IA pour la recherche universitaire et scientifique

L'IA révolutionne la recherche universitaire et scientifique en automatisant des tâches complexes, en analysant de vastes ensembles de données et en générant des connaissances qui stimulent l'innovation.

- **Analyse de la littérature** : La réalisation d'analyses documentaires complètes prend beaucoup de temps. Des outils d'IA tels que Scholarcy et Iris.ai aident les chercheurs en résumant les articles universitaires, en identifiant les concepts clés et en suggérant des articles pertinents. Cela permet aux chercheurs d'économiser beaucoup de temps et d'efforts.
  - *Étude de cas* : Une équipe de chercheurs biomédicaux utilise Iris.ai pour se tenir au courant des dernières études relatives au traitement du cancer. L'outil d'IA analyse des milliers d'articles, met en évidence les principaux résultats et suggère de nouvelles pistes de recherche, ce qui permet à l'équipe de se concentrer sur le travail expérimental.
- **Analyse de données** : Les algorithmes d'apprentissage automatique analysent des ensembles de données complexes dans des domaines tels que la génomique, la science du climat et la physique des particules. L'IA peut identifier des modèles et des

corrélations que les méthodes d'analyse traditionnelles pourraient manquer.

- o *Exemple* : Dans la recherche génomique, les algorithmes d'IA traitent des données génétiques à grande échelle pour identifier les variantes génétiques associées aux maladies. Cela accélère la découverte de nouveaux biomarqueurs et de cibles thérapeutiques potentielles.
- **Génération d'hypothèses** : Les plateformes d'IA comme IBM Watson analysent la littérature scientifique et génèrent des hypothèses pour des recherches plus approfondies. Cela aide les chercheurs à explorer de nouvelles pistes d'étude et à tester des idées novatrices.
  - o *Scénario* : Une plateforme pilotée par l'IA propose une nouvelle hypothèse pour l'évolution de la maladie d'Alzheimer sur la base de modèles détectés dans les recherches existantes. Les chercheurs conçoivent des expériences pour tester cette hypothèse, ce qui pourrait déboucher sur des découvertes révolutionnaires.

Plateformes d'apprentissage personnalisé

Les plateformes d'apprentissage personnalisé pilotées par l'IA adaptent le contenu éducatif aux besoins individuels, en proposant des parcours et des ressources d'apprentissage personnalisés.

- **Khan Academy** : Khan Academy utilise l'IA pour personnaliser les expériences d'apprentissage. La plateforme propose des exercices pratiques et des vidéos pédagogiques adaptés au rythme d'apprentissage et aux progrès de chaque élève.
  - o *Étude de cas* : Une lycéenne ayant des difficultés en algèbre utilise la Khan Academy. Le système d'IA identifie ses points faibles et lui propose des exercices et des vidéos ciblés, ce qui l'aide à améliorer sa compréhension et ses performances en mathématiques.
- **Duolingo** : Duolingo utilise l'IA pour offrir des expériences d'apprentissage des langues personnalisées. L'application ajuste la

difficulté des exercices en fonction des performances de l'utilisateur, ce qui garantit une efficacité d'apprentissage optimale.

- o *Exemple* : Un utilisateur qui apprend l'espagnol sur Duolingo reçoit des leçons personnalisées qui s'adaptent à son niveau de compétence, ce qui lui permet de rester motivé et engagé.
- **Contenu intelligent** : L'IA peut créer des contenus intelligents, tels que des manuels interactifs et des guides d'étude, qui s'adaptent au niveau de compréhension de l'apprenant. Cela rend l'apprentissage plus attrayant et plus efficace.
  - o *Scénario* : Un manuel interactif généré par l'IA propose des questionnaires et un retour d'information en temps réel, ajustant le contenu en fonction des réponses de l'étudiant afin de renforcer l'apprentissage.

Études de cas et exemples

1. L'IA dans les établissements d'enseignement

- **Carnegie Learning** : Carnegie Learning utilise l'IA pour créer des programmes personnalisés de tutorat en mathématiques. Le moteur d'IA de la plateforme analyse les performances des élèves et adapte les leçons pour cibler les domaines à améliorer. Des études ont montré que les élèves qui utilisent les programmes de Carnegie Learning alimentés par l'IA obtiennent de meilleurs résultats aux tests que ceux qui utilisent les méthodes traditionnelles.
  - o *Exemple* : Un collège met en œuvre le programme de mathématiques piloté par l'IA de Carnegie Learning. Les enseignants font état d'une amélioration significative de l'engagement et des performances des élèves, qu'ils attribuent à la nature personnalisée des cours.
- **Newton** : La plateforme d'apprentissage adaptatif de Newton utilise l'IA pour personnaliser le contenu éducatif dans des matières telles que les mathématiques et les sciences. La

plateforme suit les interactions des élèves et leur fournit un retour d'information en temps réel, ce qui les aide à mieux appréhender des concepts complexes.

- o *Étude de cas* : Une université intègre la plate-forme de Newton dans son cours d'introduction à la physique. Les étudiants reçoivent des ensembles de problèmes personnalisés et un retour d'information immédiat, ce qui se traduit par des taux de réussite plus élevés et une meilleure compréhension.

- **L'IA dans les découvertes scientifiques** : En 2019, des chercheurs de DeepMind ont mis au point AlphaFold, un système d'IA capable de prédire les structures des protéines avec une grande précision. Cette avancée a des implications importantes pour la compréhension des maladies et le développement de nouveaux traitements.

  - o *Scénario* : Une société pharmaceutique utilise AlphaFold pour accélérer la découverte de médicaments. Le système d'IA prédit les structures des protéines cibles, ce qui permet aux chercheurs de concevoir plus rapidement des médicaments efficaces.

2. L'IA dans les plateformes d'apprentissage en ligne

- **Coursera et edX** : ces plateformes utilisent l'IA pour offrir des expériences d'apprentissage personnalisées, en recommandant des cours en fonction des intérêts et des performances de l'utilisateur. L'IA aide également à noter les devoirs et à fournir un retour d'information.

  - o *Exemple* : Un professionnel cherchant à se perfectionner s'inscrit à un cours de science des données sur Coursera. Le système d'IA lui suggère des ressources et des cours supplémentaires en fonction de ses progrès, l'aidant ainsi à atteindre efficacement ses objectifs d'apprentissage.

- **SMARTeacher** : Cette plateforme utilise l'IA pour adapter les jeux éducatifs au niveau de compétence de chaque élève, rendant l'apprentissage amusant et efficace.

> ○ *Étude de cas* : Une école primaire utilise les jeux éducatifs de SMARTeacher pour enseigner les mathématiques. L'IA adapte la difficulté des jeux aux capacités de chaque élève, ce qui se traduit par une plus grande implication et de meilleurs résultats d'apprentissage.

L'IA dans la recherche et l'éducation : Aperçus techniques

Algorithmes d'apprentissage automatique

L'IA dans la recherche et l'éducation s'appuie fortement sur des algorithmes d'apprentissage automatique pour analyser les données et générer des idées.

- **Apprentissage supervisé** : Utilisé pour des tâches telles que la prédiction des performances des étudiants sur la base de données historiques ou l'identification de modèles dans les données de recherche.
- **Apprentissage non supervisé** : Aide à découvrir des modèles cachés dans les données, comme le regroupement d'articles de recherche similaires ou le regroupement d'étudiants ayant des styles d'apprentissage similaires.
- **Apprentissage par renforcement** : Employé dans les plateformes d'apprentissage adaptatif pour optimiser le contenu éducatif en fonction des interactions et du retour d'information de l'étudiant.

Traitement du langage naturel (NLP)

Le NLP est essentiel pour les applications de l'IA dans l'enseignement et la recherche, car il permet aux machines de comprendre, d'interpréter et de générer du langage humain.

- **Résumés de textes** : Les outils d'IA résument les articles de recherche et les contenus éducatifs, ce qui permet aux utilisateurs de saisir rapidement les points clés.

- **Analyse des sentiments** : Analyse les commentaires des étudiants afin d'identifier les points à améliorer dans le contenu éducatif et les méthodes d'enseignement.
- **Traduction linguistique** : Facilite l'accès à la recherche publiée dans différentes langues et favorise la collaboration mondiale.

Défis et limites

Malgré son potentiel, l'IA dans la recherche et l'éducation est confrontée à plusieurs défis :

- **Confidentialité et sécurité des données** : le traitement de données sensibles relatives aux étudiants et à la recherche nécessite des mesures de sécurité solides pour protéger la vie privée.
- **Biais dans les modèles d'IA** : Les modèles d'IA formés sur des données biaisées peuvent produire des résultats biaisés, ce qui affecte l'équité et l'inclusion dans l'éducation et la recherche.
- **Accessibilité et fracture numérique** : Il est essentiel de veiller à ce que les outils d'IA soient accessibles à tous les élèves, quel que soit leur milieu socio-économique.
- **Adaptabilité et supervision humaine** : Les systèmes d'IA doivent pouvoir s'adapter aux différents styles d'apprentissage et aux besoins de recherche, avec une supervision humaine pour garantir l'exactitude et la pertinence.

Tendances futures de l'IA dans la recherche et l'éducation

Alors que la technologie de l'IA continue d'évoluer, plusieurs tendances devraient façonner l'avenir de la recherche et de l'éducation :

- **Personnalisation accrue** : L'IA offrira des expériences d'apprentissage encore plus personnalisées, en adaptant le contenu aux styles d'apprentissage et aux préférences de chacun.
- **Collaboration en matière de recherche fondée sur l'IA** : L'IA facilitera la collaboration mondiale en matière de recherche en

mettant en relation des chercheurs dont les compétences et les ressources sont complémentaires.

- **Éducation et formation tout au long de la vie** : L'IA soutiendra l'apprentissage tout au long de la vie en fournissant un contenu et des ressources pédagogiques personnalisés aux individus à tous les stades de leur carrière.
- **Réalité augmentée (RA) et réalité virtuelle (RV)** : L'intégration de l'IA à la RA et à la RV créera des expériences d'apprentissage immersives et interactives, améliorant la compréhension et l'engagement.

Conclusion

L'IA transforme la recherche et l'éducation en fournissant des outils puissants pour l'analyse des données, l'apprentissage personnalisé et la génération d'hypothèses. Qu'il s'agisse d'améliorer la recherche universitaire ou de créer des plateformes d'apprentissage adaptatif, l'IA stimule l'innovation et améliore les résultats. Au fur et à mesure que la technologie de l'IA progresse, son potentiel pour révolutionner notre façon d'apprendre et de mener des recherches ne fera que croître, offrant des possibilités passionnantes pour l'avenir de l'éducation et de la découverte scientifique.

Expansion détaillée

Outils d'IA pour la recherche universitaire et scientifique (suite)

Le rôle de l'IA dans la recherche universitaire et scientifique est vaste et ne cesse de s'étendre. Voyons plus en détail quelques applications et études de cas spécifiques.

3. L'analyse prédictive dans la recherche

L'analyse prédictive utilise l'IA pour prévoir les tendances futures sur la base de données historiques. Elle est particulièrement utile dans des domaines tels que les sciences de l'environnement et la santé publique.

- **Science de l'environnement** : Les modèles d'IA prédisent les schémas de changement climatique et leurs impacts potentiels. En analysant les données climatiques historiques, l'IA peut prévoir les changements de température, l'élévation du niveau de la mer et les phénomènes météorologiques extrêmes à venir.
    - *Étude de cas* : Des chercheurs utilisent l'IA pour prédire l'impact de la déforestation sur les schémas climatiques locaux. Le modèle d'IA analyse l'imagerie satellite et les données météorologiques historiques pour prévoir l'évolution des précipitations et des températures, aidant ainsi les décideurs politiques à planifier des stratégies durables d'utilisation des sols.
- **Santé publique** : L'IA prédit la propagation des maladies en analysant diverses sources de données, notamment les tendances des médias sociaux, les habitudes de voyage et les dossiers médicaux.
    - *Exemple* : Pendant la pandémie de COVID-19, les modèles d'IA ont prédit les points chauds de l'épidémie en analysant les données de mobilité et les taux d'infection. Ces prévisions ont aidé les gouvernements à allouer des ressources et à mettre en œuvre des mesures de confinement ciblées.

4. L'IA dans la découverte de médicaments

L'IA accélère la découverte de médicaments en identifiant des candidats médicaments potentiels et en prédisant leur efficacité.

- **Identification des cibles** : L'IA analyse les données biologiques pour identifier les cibles potentielles des médicaments, telles que les protéines associées à une maladie.
  - *Scénario* : Un système d'IA identifie une protéine liée à un type spécifique de cancer. Les chercheurs conçoivent des médicaments pour cibler cette protéine, ce qui pourrait déboucher sur de nouvelles thérapies contre le cancer.
- **Réutilisation des médicaments** : L'IA identifie les médicaments existants qui pourraient être réutilisés pour traiter de nouvelles maladies, ce qui accélère le processus de développement.
  - *Étude de cas* : Une plateforme d'IA identifie un médicament antiviral existant qui s'avère prometteur dans le traitement du COVID-19. Les essais cliniques confirment son efficacité, ce qui ouvre la voie à une nouvelle option thérapeutique.

5. L'IA dans les sciences sociales

L'IA aide les chercheurs en sciences sociales à analyser de vastes ensembles de données, à identifier des tendances et à tester des hypothèses.

- **Analyse des sentiments dans les médias sociaux** : L'IA analyse les messages des médias sociaux pour évaluer le sentiment du public sur diverses questions, fournissant ainsi des informations précieuses aux décideurs politiques et aux entreprises.
  - *Exemple* : Des chercheurs utilisent l'IA pour analyser des tweets sur les mesures de santé publique pendant une pandémie. Le modèle d'IA identifie les sentiments dominants et aide les agences de santé à adapter leurs stratégies de communication.
- **Analyse des données d'enquête** : L'IA automatise l'analyse des données d'enquête, en identifiant des modèles et des corrélations qui alimentent la recherche en sciences sociales.
  - *Scénario* : Un outil d'IA analyse les réponses à une enquête sur la satisfaction au travail dans différents secteurs

d'activité. Les résultats révèlent les facteurs clés qui influencent le bonheur des employés, orientant ainsi les politiques de ressources humaines et les améliorations du lieu de travail.

Plateformes d'apprentissage personnalisé (suite)

6. L'IA dans l'éducation spéciale

Les outils alimentés par l'IA fournissent un soutien personnalisé aux élèves ayant des besoins particuliers, les aidant à atteindre leur plein potentiel.

- **Outils d'apprentissage adaptatif** : L'IA adapte le contenu éducatif aux besoins des élèves ayant des difficultés d'apprentissage, afin qu'ils reçoivent le soutien dont ils ont besoin pour réussir.
  - *Étude de cas* : Une école utilise des outils d'apprentissage adaptatif pilotés par l'IA pour aider les élèves dyslexiques. Le système d'IA fournit des exercices de lecture personnalisés et un retour d'information, aidant les élèves à améliorer leurs compétences en lecture à leur propre rythme.
- **Logiciel de reconnaissance vocale** : Un logiciel de reconnaissance vocale alimenté par l'IA aide les étudiants souffrant de troubles de l'élocution et leur permet de communiquer plus efficacement.
  - *Exemple* : Un étudiant souffrant de troubles de la parole utilise un logiciel de reconnaissance vocale pour participer aux discussions en classe. Le système d'IA transcrit son discours en texte, ce qui lui permet de dialoguer plus facilement avec ses camarades et ses professeurs.

7. Gamification de l'apprentissage

L'IA améliore les jeux éducatifs en adaptant la difficulté et le contenu aux capacités et aux préférences de chaque élève.

- **Jeux d'apprentissage adaptatifs** : Les jeux éducatifs pilotés par l'IA adaptent leur difficulté en fonction des performances du joueur, ce qui garantit une expérience d'apprentissage équilibrée et attrayante.
  - *Scénario* : Une école primaire met en œuvre des jeux de mathématiques alimentés par l'IA qui s'adaptent au niveau de compétence de chaque élève. Les élèves restent engagés et motivés, ce qui se traduit par une amélioration des résultats en mathématiques et une attitude positive à l'égard de l'apprentissage.

L'IA dans la recherche et l'éducation : Perspectives techniques (suite)

L'apprentissage profond dans l'éducation et la recherche

L'apprentissage profond, un sous-ensemble de l'apprentissage automatique, utilise des réseaux neuronaux avec de nombreuses couches pour analyser les données et générer des informations.

- **Réseaux neuronaux convolutifs (CNN)** : Les réseaux neuronaux convolutifs sont utilisés dans les tâches de reconnaissance d'images, telles que l'analyse d'images médicales ou la classification de photos satellites dans le cadre d'études environnementales.
  - *Exemple* : Une équipe de recherche utilise des CNN pour analyser des images satellites de zones déboisées. Le modèle d'IA identifie les régions qui risquent de continuer à être déboisées, ce qui contribue aux efforts de conservation.
- **Réseaux neuronaux récurrents (RNN)** : Les RNN sont utilisés pour l'analyse de données séquentielles, comme la prédiction des performances des élèves dans le temps ou l'analyse de modèles temporels dans les données de recherche.
  - *Étude de cas* : Une plateforme éducative utilise des RNN pour prédire les performances des élèves sur la base de leur historique d'apprentissage. Le système d'IA identifie

les élèves qui risquent de prendre du retard et propose des interventions ciblées pour soutenir leur apprentissage.

Apprentissage par renforcement dans les plates-formes d'apprentissage adaptatif

L'apprentissage par renforcement permet de former des modèles d'IA par le biais de récompenses et de pénalités, en optimisant leurs performances sur la base d'un retour d'information.

- **L'interrogation adaptative** : Les plateformes d'interrogation adaptative alimentées par l'IA utilisent l'apprentissage par renforcement pour ajuster la difficulté des questions en fonction des performances de l'élève.
  - *Scénario* : Une application d'apprentissage des langues utilise l'apprentissage par renforcement pour adapter les quiz au niveau de compétence de l'utilisateur. Le système d'IA propose des questions plus difficiles au fur et à mesure que l'utilisateur s'améliore, ce qui garantit une progression continue.

Tendances futures de l'IA dans la recherche et l'éducation (suite)

Plateformes de collaboration en matière de recherche alimentées par l'IA

L'IA facilite la collaboration en matière de recherche en mettant en relation des scientifiques dont les compétences et les ressources sont complémentaires.

- **Réseaux de collaboration** : Les plateformes alimentées par l'IA identifient les collaborateurs potentiels en fonction de leurs intérêts de recherche et de leurs publications, favorisant ainsi les partenariats interdisciplinaires.

- o *Exemple* : Un biologiste qui étudie le changement climatique utilise une plateforme d'IA pour entrer en contact avec un scientifique spécialisé dans l'apprentissage automatique. Ensemble, ils développent des modèles d'IA pour prédire l'impact du changement climatique sur la biodiversité.

L'IA dans l'éducation et la formation tout au long de la vie et le développement professionnel

L'IA soutient l'apprentissage tout au long de la vie en fournissant un contenu et des ressources pédagogiques personnalisés aux individus à tous les stades de leur carrière.

- **Recommandations d'orientation professionnelle** : L'IA analyse les compétences, les intérêts et les tendances du marché de l'emploi d'une personne pour lui recommander des parcours professionnels et des programmes de formation pertinents.
  - o *Scénario* : Un conseiller en carrière dans le domaine de l'IA suggère à un professionnel en milieu de carrière de se tourner vers un domaine en plein essor, tel que la science des données, et lui recommande de suivre des cours en ligne pour acquérir les compétences nécessaires.

Technologies d'IA et d'apprentissage immersif

L'intégration de l'IA à la réalité augmentée (RA) et à la réalité virtuelle (RV) crée des expériences d'apprentissage immersives et interactives.

- **La RA dans l'enseignement** : Les applications de RA alimentées par l'IA superposent des informations numériques au monde physique, améliorant ainsi l'apprentissage en classe grâce à des visuels interactifs et des simulations.
  - o *Étude de cas* : Un professeur d'histoire utilise une application de RA alimentée par l'IA pour donner vie à des événements historiques. Les élèves explorent les

civilisations anciennes par le biais d'expériences immersives de RA, ce qui leur permet d'approfondir leur compréhension et leur engagement.

- **La RV dans la formation** : Les simulations de RV pilotées par l'IA offrent des environnements de formation réalistes pour diverses professions, de la chirurgie médicale à l'ingénierie.
  - *Exemple* : Les étudiants en médecine pratiquent des procédures chirurgicales dans des simulations de RV alimentées par l'IA, acquérant ainsi une expérience pratique dans un environnement sûr et contrôlé.

Conclusion

L'IA transforme la recherche et l'éducation en fournissant des outils puissants pour l'analyse des données, l'apprentissage personnalisé et la génération d'hypothèses. Qu'il s'agisse d'améliorer la recherche universitaire ou de créer des plateformes d'apprentissage adaptatif, l'IA stimule l'innovation et améliore les résultats. Au fur et à mesure que la technologie de l'IA progresse, son potentiel pour révolutionner notre façon d'apprendre et de mener des recherches ne fera que croître, offrant des possibilités passionnantes pour l'avenir de l'éducation et de la découverte scientifique.

L'IA dans les soins de santé

Introduction

L'intelligence artificielle (IA) révolutionne les soins de santé en améliorant les diagnostics, la planification des traitements, le suivi des patients et la médecine personnalisée. Les technologies d'IA telles que l'apprentissage automatique, le traitement du langage naturel et la vision par ordinateur améliorent l'efficacité et la précision des soins de santé. Cette section explore les différentes applications de l'IA dans les soins de santé, en soulignant leurs avantages, les défis, les études de cas et les tendances futures.

L'IA dans le diagnostic et le traitement

L'IA transforme les diagnostics et les traitements en fournissant des outils qui aident les professionnels de la santé à prendre des décisions plus précises et plus rapides.

- **Imagerie médicale** : Les algorithmes d'IA analysent les images médicales telles que les radiographies, les IRM et les tomodensitogrammes pour détecter les anomalies et diagnostiquer les maladies avec une grande précision.
    - o *Étude de cas* : Le modèle d'IA de l'université de Stanford pour la détection de la pneumonie à partir de radiographies du thorax a été plus performant que les radiologues, atteignant un taux de précision plus élevé. Cet outil d'IA aide les radiologues à identifier les cas qui nécessitent une attention urgente, améliorant ainsi les résultats pour les patients.
- **Pathologie** : Les outils de pathologie alimentés par l'IA analysent des échantillons de tissus pour identifier les cellules cancéreuses et d'autres anomalies.
    - o *Exemple* : Les algorithmes d'apprentissage profond de PathAI aident les pathologistes à diagnostiquer le cancer

en analysant les échantillons de biopsie. Le système d'IA réduit les erreurs de diagnostic et accélère le processus d'analyse, ce qui permet de prendre des décisions thérapeutiques plus rapides.

- **Analyse prédictive** : L'IA prédit l'évolution des maladies et les réponses aux traitements en analysant les données des patients, y compris les dossiers médicaux électroniques (DME), les informations génétiques et les facteurs liés au mode de vie.
  - o *Scénario* : Une plateforme d'IA prédit la probabilité qu'un patient développe des complications après une opération en analysant ses antécédents médicaux et son état de santé actuel. Les chirurgiens utilisent ces informations pour adapter les plans de soins postopératoires, réduisant ainsi le risque de complications.

Dispositifs de santé portables et systèmes de surveillance

Les dispositifs portables et les systèmes de surveillance alimentés par l'IA permettent un suivi continu de la santé, offrant des informations en temps réel sur l'état d'un patient.

- **Les montres intelligentes et les appareils de suivi de la condition physique** : Des appareils comme Fitbit et Apple Watch surveillent les signes vitaux tels que la fréquence cardiaque, les niveaux d'activité et les habitudes de sommeil. Des algorithmes d'IA analysent ces données pour fournir des recommandations de santé personnalisées.
  - o *Étude de cas* : La fonction ECG de l'Apple Watch détecte les rythmes cardiaques irréguliers, ce qui permet d'identifier la fibrillation auriculaire (FA) chez les utilisateurs. La détection précoce de la fibrillation auriculaire permet une intervention médicale opportune, évitant ainsi de graves complications.
- **Surveillance à distance des patients** : Les systèmes de télésurveillance alimentés par l'IA permettent de suivre l'état de

santé des patients à domicile, réduisant ainsi la nécessité de visites fréquentes à l'hôpital.

- o *Exemple* : Un système de télésurveillance pour les patients diabétiques suit les niveaux de glucose dans le sang et alerte les prestataires de soins de santé si les résultats sortent de la fourchette normale. Cette approche proactive permet de gérer la maladie plus efficacement et de réduire les admissions à l'hôpital.

Améliorer les soins et les résultats pour les patients

L'IA améliore les soins aux patients en fournissant des outils qui aident les professionnels de la santé à fournir des soins personnalisés et efficaces.

- **Médecine personnalisée** : L'IA analyse les données génétiques, environnementales et de mode de vie pour créer des plans de traitement personnalisés pour les patients.
  - o *Scénario* : Un oncologue utilise l'IA pour concevoir un plan de traitement personnalisé du cancer en fonction du profil génétique du patient et des caractéristiques de la tumeur. Le système d'IA suggère des thérapies ciblées qui ont plus de chances d'être efficaces, améliorant ainsi les chances de guérison du patient.
- **Assistants de santé virtuels** : Les assistants de santé virtuels alimentés par l'IA fournissent aux patients des informations et un soutien, améliorant ainsi l'adhésion aux plans de traitement.
  - o *Exemple* : Le chatbot d'Ada Health propose aux utilisateurs une évaluation des symptômes et des conseils en matière de santé. Les patients utilisent le chatbot pour comprendre leurs symptômes et recevoir des recommandations sur l'opportunité de consulter un médecin.
- **L'IA en chirurgie** : Les systèmes chirurgicaux robotisés dotés d'IA aident les chirurgiens à réaliser des interventions précises et peu invasives.
  - o *Étude de cas* : Le système chirurgical da Vinci utilise l'IA pour améliorer la précision des procédures chirurgicales.

Les chirurgiens contrôlent les bras robotisés, qui offrent une plus grande dextérité et une meilleure stabilité, ce qui permet d'obtenir de meilleurs résultats chirurgicaux et d'accélérer le rétablissement des patients.

Exemples et études de cas

1. L'IA en radiologie

- **Détection du cancer du poumon** : Le modèle d'IA de Google pour la détection du cancer du poumon par tomodensitométrie s'est avéré plus précis que les radiologues humains. Le système d'IA identifie les tumeurs à un stade précoce qui pourraient échapper aux méthodes traditionnelles, ce qui permet d'intervenir plus tôt et d'améliorer les taux de survie.
  - *Exemple* : Un hôpital met en œuvre le modèle d'IA de Google pour dépister le cancer du poumon chez les patients à haut risque. Le système d'IA détecte de petits nodules que les radiologues pourraient négliger, ce qui permet un diagnostic et un traitement précoces.

2. L'IA dans la découverte de médicaments

- **Accélérer le développement des médicaments** : L'IA accélère le processus de découverte de médicaments en analysant de vastes ensembles de données afin d'identifier les médicaments candidats potentiels et de prédire leur efficacité.
  - *Étude de cas* : BenevolentAI utilise l'IA pour identifier des traitements potentiels pour des maladies telles que la SLA et le COVID-19. La plateforme d'IA analyse les données biologiques et la littérature scientifique pour suggérer des candidats médicaments prometteurs, accélérant ainsi le processus de développement.

3. L'IA dans le domaine de la santé mentale

- **Applications de santé mentale alimentées par l'IA** : Les applications de santé mentale pilotées par l'IA offrent un soutien et une thérapie aux personnes souffrant de troubles mentaux.
  - *Exemple* : Woebot, un chatbot d'IA, propose une thérapie cognitivo-comportementale (TCC) aux utilisateurs par le biais d'interactions conversationnelles. L'application aide les utilisateurs à gérer les symptômes de l'anxiété et de la dépression en leur proposant des stratégies et un soutien fondés sur des données probantes.

4. L'IA en génomique

- **Analyse des données génomiques** : Les algorithmes d'IA analysent les données génomiques pour identifier les mutations et les variantes génétiques associées aux maladies. Cela permet de comprendre la base génétique des maladies et de développer des thérapies ciblées.
  - *Étude de cas* : Les chercheurs utilisent l'IA pour analyser les génomes des patients atteints de cancer, en identifiant les mutations qui peuvent être ciblées par des médicaments spécifiques. Cette approche permet de mettre au point des traitements anticancéreux personnalisés en fonction du profil génétique du patient.

5. L'IA dans les soins d'urgence

- **Systèmes de triage par l'IA** : Les systèmes de triage par IA évaluent la gravité de l'état des patients dans les salles d'urgence, en donnant la priorité à ceux qui ont besoin de soins immédiats.
  - *Exemple* : Dans un hôpital urbain très fréquenté, un système de triage alimenté par l'IA analyse les symptômes et les signes vitaux des patients pour déterminer l'urgence des soins nécessaires. Cela permet de réduire les temps

d'attente et de s'assurer que les patients critiques reçoivent un traitement en temps voulu.

6. L'IA dans la réadaptation

- **Robots de rééducation alimentés par l'IA** : Les robots alimentés par l'IA aident les patients à se réadapter en leur proposant des exercices personnalisés et un retour d'information en temps réel.
    - ○ *Étude de cas* : Un centre de rééducation utilise des robots dotés d'IA pour aider les patients victimes d'un accident vasculaire cérébral à retrouver leur mobilité. Les robots adaptent les exercices en fonction des progrès du patient, fournissant ainsi des plans de rééducation personnalisés qui améliorent la récupération.

L'IA dans les soins de santé : Perspectives techniques

L'apprentissage automatique dans le secteur de la santé

Les algorithmes d'apprentissage automatique analysent de grandes quantités de données sur les soins de santé afin d'identifier des modèles et de générer des informations.

- **Apprentissage supervisé** : Utilisé pour des tâches telles que la prédiction des résultats des patients sur la base de données historiques, comme les taux de réadmission ou la réponse au traitement.
- **Apprentissage non supervisé** : Aide à découvrir des modèles cachés dans les données de santé, comme le regroupement de patients présentant des pathologies similaires ou l'identification de sous-types de maladies.
- **Apprentissage par renforcement** : Appliqué à la chirurgie robotique et à la médecine personnalisée, il permet d'optimiser les plans de traitement en fonction des réponses du patient.

Traitement du langage naturel (TLN) dans le domaine de la santé

Le NLP permet aux systèmes d'IA de comprendre et de traiter le langage humain, ce qui le rend inestimable pour les applications dans le domaine de la santé.

- **Documentation clinique** : Les outils NLP automatisent l'extraction d'informations pertinentes à partir de notes cliniques, réduisant ainsi la charge de travail des professionnels de la santé.
  - *Exemple* : Un outil NLP extrait les symptômes, les diagnostics et les plans de traitement de notes cliniques non structurées, afin d'alimenter le dossier médical électronique (DME) du patient avec des informations pertinentes.
- **Interaction avec les patients** : Les chatbots d'IA utilisent le NLP pour interagir avec les patients, leur fournir une assistance et répondre à leurs questions relatives à la santé.
  - *Étude de cas* : Un chatbot d'IA aide les patients à gérer leurs maladies chroniques en leur fournissant des conseils et des rappels personnalisés basés sur leurs données de santé.

Défis et limites

Malgré son potentiel, l'IA dans les soins de santé est confrontée à plusieurs défis :

- **Confidentialité et sécurité des données** : le traitement des données sensibles des patients nécessite des mesures de sécurité solides pour protéger la vie privée et se conformer à des réglementations telles que l'HIPAA.
  - *Scénario* : Un prestataire de soins de santé met en œuvre un cryptage avancé et des contrôles d'accès pour sécuriser les données des patients stockées dans les systèmes d'intelligence artificielle. Des audits réguliers garantissent

la conformité avec les réglementations en matière de confidentialité des données.

- **Biais dans les modèles d'IA** : Les modèles d'IA formés sur des données biaisées peuvent produire des résultats biaisés, ce qui affecte l'équité et la précision des décisions en matière de soins de santé.

  o *Exemple* : Un modèle d'IA formé sur un ensemble de données manquant de diversité dans les caractéristiques démographiques des patients risque de ne pas donner de bons résultats dans des populations différentes. Pour remédier à ce problème, il faut collecter et inclure des données diversifiées au cours du processus de formation.

- **Intégration aux systèmes existants** : L'intégration des outils d'IA aux systèmes de santé existants, tels que les DSE, peut s'avérer complexe et coûteuse.

  o *Étude de cas* : Un hôpital intègre un outil de diagnostic d'IA à son système de DSE. Le processus d'intégration implique un investissement important et une collaboration entre les équipes informatiques et cliniques, mais il améliore finalement la précision du diagnostic et l'efficacité du flux de travail.

- **Considérations éthiques** : Il est essentiel de garantir l'utilisation éthique de l'IA dans les soins de santé, y compris le consentement éclairé et la transparence dans la prise de décision.

  o *Scénario* : Un système d'IA utilisé pour recommander des traitements fournit des explications sur ses suggestions, aidant ainsi les médecins et les patients à prendre des décisions éclairées. Une communication transparente sur le rôle et les limites de l'IA renforce la confiance et l'utilisation éthique.

Tendances futures de l'IA dans les soins de santé

Alors que la technologie de l'IA continue d'évoluer, plusieurs tendances devraient façonner l'avenir des soins de santé :

- **Soins de santé prédictifs** : L'IA permettra de prédire et de prévenir les maladies en analysant les données génétiques, environnementales et relatives au mode de vie, ce qui permettra d'offrir des soins de santé proactifs.
  - ○ *Exemple* : Un système d'IA analyse le profil génétique d'un patient et les facteurs liés à son mode de vie pour prédire le risque de développer une maladie cardiovasculaire. Des interventions précoces, telles que des changements de mode de vie et des médicaments préventifs, sont recommandées pour réduire le risque.
- **Télémédecine basée sur l'IA** : L'IA améliorera la télémédecine en fournissant des diagnostics en temps réel et des recommandations de traitement personnalisées lors de consultations virtuelles.
  - ○ *Étude de cas* : Une plateforme de télémédecine utilise l'IA pour analyser les symptômes des patients lors de consultations virtuelles. Le système d'IA fournit au médecin des suggestions de diagnostic en temps réel, améliorant ainsi la précision et l'efficacité des soins à distance.
- **Médecine de précision** : L'IA continuera à faire progresser la médecine de précision, en offrant des plans de traitement plus précis et personnalisés basés sur les données individuelles des patients.
  - ○ *Scénario* : Une clinique d'oncologie utilise l'IA pour analyser les données génétiques et cliniques des patients atteints de cancer. Le système d'IA recommande des plans de traitement personnalisés, notamment des thérapies ciblées et des essais cliniques, ce qui améliore les résultats pour les patients.
- **L'IA dans les essais cliniques** : L'IA optimisera les essais cliniques en identifiant les candidats appropriés, en prédisant les résultats et en surveillant les réponses des patients en temps réel.
  - ○ *Exemple* : Une plateforme d'IA analyse les données des patients pour identifier les candidats à un essai clinique sur un nouveau médicament contre le diabète. Le système d'IA

prédit les réactions des patients au traitement, ce qui permet aux chercheurs d'ajuster les paramètres de l'essai pour obtenir de meilleurs résultats.

Conclusion

L'IA transforme les soins de santé en améliorant les diagnostics, la planification des traitements, le suivi des patients et la médecine personnalisée. Qu'il s'agisse d'améliorer la radiologie et la pathologie ou de révolutionner la découverte de médicaments et le soutien à la santé mentale, l'IA stimule l'innovation et améliore les résultats pour les patients. Au fur et à mesure que la technologie de l'IA progresse, son potentiel pour révolutionner la prestation des soins de santé et relever les défis mondiaux en matière de santé ne fera que croître, offrant des possibilités passionnantes pour l'avenir de la médecine.

L'IA dans la finance et l'investissement

Introduction

L'intelligence artificielle (IA) transforme les secteurs de la finance et de l'investissement en automatisant les processus, en renforçant la prise de décision et en améliorant l'expérience des clients. Les technologies de l'IA, notamment l'apprentissage automatique, le traitement du langage naturel et l'analyse prédictive, sont utilisées dans diverses applications financières, de la négociation et de la gestion des investissements à la détection des fraudes et aux finances personnelles. Cette section explore les diverses applications de l'IA dans la finance et l'investissement, en fournissant des exemples détaillés, des études de cas et un aperçu des avantages et des défis.

L'IA dans l'analyse financière et la négociation

L'IA révolutionne l'analyse financière et le trading en fournissant des outils qui analysent de grandes quantités de données, identifient des modèles et font des prédictions.

- **Trading algorithmique** : Les algorithmes de trading alimentés par l'IA analysent les données du marché pour prendre des décisions de trading à grande vitesse et avec précision.
    - *Étude de cas* : Renaissance Technologies, un fonds spéculatif connu pour son utilisation de l'IA et du trading quantitatif, a constamment surpassé les stratégies d'investissement traditionnelles. Les algorithmes d'IA du fonds analysent les tendances du marché et exécutent les transactions sur la base de modèles mathématiques complexes, minimisant ainsi les biais humains et maximisant les rendements.
    - *Exemple* : Un algorithme de trading piloté par l'IA surveille l'actualité financière mondiale et les médias sociaux pour détecter les premiers signaux des mouvements du marché.

En analysant rapidement ces données, l'algorithme effectue des transactions éclairées plus rapidement que les traders humains, ce qui se traduit par une plus grande rentabilité.

- **Analyse des sentiments** : Les systèmes d'IA analysent les articles de presse, les messages sur les médias sociaux et d'autres données textuelles pour évaluer le sentiment du marché et prédire l'évolution du cours des actions.
  - *Exemple* : Une plateforme d'IA analyse les tweets et les titres des journaux pour déterminer le sentiment des investisseurs à l'égard d'une action donnée. Le système prédit une augmentation potentielle du prix sur la base du sentiment positif et suggère d'acheter l'action avant que le marché ne réagisse.
  - *Scénario* : Lors d'un événement géopolitique important, un outil d'analyse du sentiment par IA détecte une forte baisse du sentiment positif dans les médias sociaux à l'égard d'un secteur particulier. Les investisseurs utilisent cette information pour ajuster leurs portefeuilles en conséquence, évitant ainsi des pertes potentielles.
- **Gestion des risques** : Les modèles d'IA évaluent les risques en analysant les données historiques et en identifiant les vulnérabilités potentielles des portefeuilles d'investissement.
  - *Scénario* : Une entreprise d'investissement utilise l'IA pour analyser l'exposition de son portefeuille à divers facteurs de risque, tels que la volatilité du marché et les événements géopolitiques. Le système d'IA fournit des recommandations pour rééquilibrer le portefeuille afin d'atténuer les risques et d'optimiser les rendements.
  - *Étude de cas* : Un grand fonds spéculatif utilise l'IA pour effectuer des tests de résistance sur son portefeuille, en simulant divers scénarios économiques. Le modèle d'IA identifie les vulnérabilités potentielles et propose des stratégies de couverture des risques, garantissant ainsi la résilience du fonds sur des marchés volatils.

NOVA LOVALD

L'IA dans la gestion des finances personnelles

Les outils alimentés par l'IA aident les particuliers à gérer leurs finances en leur fournissant des conseils personnalisés, une aide à la budgétisation et des recommandations d'investissement.

- **Robo-conseillers** : Les robo-advisors pilotés par l'IA proposent des services de gestion d'investissement automatisés, créant et gérant des portefeuilles en fonction des objectifs financiers individuels et de la tolérance au risque.
  - *Étude de cas* : Betterment, l'un des principaux robo-advisors, utilise l'IA pour créer des plans d'investissement personnalisés pour ses clients. Le système d'IA surveille et rééquilibre en permanence les portefeuilles pour s'assurer qu'ils sont alignés sur les objectifs des clients, offrant ainsi une alternative rentable aux conseillers financiers traditionnels.
  - *Exemple* : Un jeune professionnel utilise un robot-conseiller pour gérer son épargne-retraite. Le système d'IA adapte la stratégie d'investissement en fonction de la tolérance au risque et des objectifs financiers de la personne, en ajustant le portefeuille en fonction de l'évolution des conditions du marché.
- **Applications de budgétisation** : Les applications de budgétisation alimentées par l'IA suivent les dépenses, analysent les habitudes financières et fournissent des recommandations pour une gestion plus efficace des finances.
  - *Exemple* : Mint, une application populaire de gestion de budget, utilise l'IA pour classer les transactions, suivre les habitudes de dépenses et fournir des conseils financiers personnalisés. L'application aide les utilisateurs à créer des budgets, à fixer des objectifs d'épargne et à suivre leurs progrès.
  - *Scénario* : Un utilisateur reçoit des notifications de son application de budgétisation concernant des habitudes de dépenses inhabituelles, telles qu'une augmentation

soudaine des dépenses liées aux sorties au restaurant. Le système d'IA lui suggère des moyens de réduire ses dépenses et d'économiser plus efficacement.

- L'**évaluation du crédit** : Les algorithmes d'IA évaluent la solvabilité en analysant un large éventail de données, notamment les antécédents financiers, les habitudes de consommation et le comportement social.
  - *Scénario* : Un prêteur en ligne utilise l'IA pour évaluer les demandes de prêt. Le système d'IA analyse les données financières des demandeurs, leur activité sur les médias sociaux et d'autres facteurs pour générer des scores de crédit, ce qui permet des décisions de prêt plus rapides et plus précises.
  - *Étude de cas* : Une entreprise fintech met en œuvre un système de notation de crédit basé sur l'IA qui inclut des sources de données alternatives, telles que les paiements des services publics et l'historique des loyers, pour évaluer la solvabilité. Cette approche aide les personnes ayant des antécédents de crédit limités à accéder aux services financiers.

L'IA dans la détection et la prévention de la fraude

L'IA améliore la détection et la prévention des fraudes en analysant les données des transactions en temps réel et en identifiant les activités suspectes.

- **Surveillance des transactions** : Les systèmes d'intelligence artificielle surveillent les transactions pour détecter des schémas inhabituels qui pourraient indiquer un comportement frauduleux.
  - *Étude de cas* : Visa utilise l'IA pour détecter les transactions frauduleuses en analysant des milliards de transactions en temps réel. Le système d'IA identifie les anomalies, telles que des habitudes de dépenses inhabituelles ou des transactions provenant de lieux inattendus, et les signale pour un examen plus approfondi.

- o *Exemple* : Un détaillant en ligne utilise l'IA pour surveiller les transactions et détecter les fraudes potentielles. Le système d'IA identifie un modèle inhabituel d'achats de grande valeur à partir d'un seul compte et le signale pour examen, ce qui permet d'éviter une perte importante.
- **Vérification de l'identité** : Les systèmes de vérification d'identité alimentés par l'IA utilisent des données biométriques, telles que la reconnaissance faciale et l'analyse des empreintes digitales, pour vérifier l'identité des utilisateurs et prévenir la fraude.
  - o *Exemple* : Une société fintech utilise l'IA pour vérifier l'identité des nouveaux clients au cours du processus d'intégration. Le système d'IA compare les selfies avec les pièces d'identité délivrées par le gouvernement, garantissant que seuls les utilisateurs légitimes ont accès aux services financiers.
  - o *Scénario* : Une banque met en œuvre la reconnaissance faciale basée sur l'IA pour vérifier les clients lors des transactions bancaires en ligne. Cette couche de sécurité supplémentaire permet d'éviter les accès non autorisés et les usurpations d'identité.
- **Analyse comportementale** : L'IA analyse le comportement de l'utilisateur pour détecter les écarts par rapport aux modèles habituels, ce qui peut indiquer une fraude.
  - o *Scénario* : Une banque utilise l'IA pour surveiller le comportement de ses clients, notamment les heures de connexion et les types de transactions. Le système d'IA détecte une tentative de connexion inhabituelle provenant d'un pays différent et déclenche des mesures de sécurité supplémentaires pour protéger le compte.
  - o *Étude de cas* : Une compagnie d'assurance utilise l'IA pour contrôler les demandes d'indemnisation. Le système d'IA signale une demande d'indemnisation pour une enquête plus approfondie après avoir détecté que le comportement du demandeur s'écarte considérablement de son modèle historique, ce qui permet d'éviter un paiement frauduleux.

Exemples et études de cas

1. L'IA dans la gestion de patrimoine

- **Optimisation des portefeuilles** : L'IA aide les gestionnaires de patrimoine à optimiser les portefeuilles d'investissement en analysant les données du marché et en prédisant la performance des actifs.
  - *Exemple* : Wealthfront, un robo-advisor, utilise l'IA pour optimiser les portefeuilles des clients. Le système d'IA analyse les tendances du marché et les profils de risque individuels, recommandant des ajustements pour maximiser les rendements et minimiser les risques.
  - *Scénario* : Un particulier fortuné utilise une plateforme de gestion de patrimoine pilotée par l'IA pour gérer un portefeuille d'investissement diversifié. Le système d'IA analyse en permanence les conditions du marché et ajuste le portefeuille en fonction des objectifs financiers à long terme du client.
- **Conseil à la clientèle** : Les conseillers virtuels alimentés par l'IA fournissent des conseils d'investissement personnalisés en fonction des objectifs financiers et des préférences des clients.
  - *Étude de cas* : L'assistant IA de Morgan Stanley, "Next Best Action", offre aux conseillers financiers des recommandations personnalisées pour leurs clients. Le système d'IA analyse les portefeuilles des clients, leurs objectifs financiers et les conditions du marché pour proposer des stratégies d'investissement sur mesure.
  - *Exemple* : Un conseiller financier utilise l'IA pour fournir à ses clients des informations en temps réel sur les investissements pendant les consultations. Le système d'IA analyse la situation financière du client et les tendances du marché, ce qui permet au conseiller d'offrir des conseils fondés sur des données.

2. L'IA dans l'assurance

- **Traitement des demandes d'indemnisation** : L'IA automatise le traitement des demandes en analysant les documents et en identifiant les demandes valides.
    - *Exemple* : Lemonade, une société d'assurance, utilise l'IA pour traiter les demandes d'indemnisation. Le système d'IA examine les demandes, vérifie les fraudes et approuve les demandes valables en quelques minutes, ce qui améliore la satisfaction des clients.
    - *Scénario* : Une compagnie d'assurance met en œuvre l'IA pour rationaliser le processus d'indemnisation des accidents de voiture. Le système d'IA analyse les photos des dommages, estime les coûts de réparation et approuve rapidement les demandes d'indemnisation, réduisant ainsi le temps et les efforts nécessaires à la fois pour la compagnie et pour les assurés.
- **Évaluation du risque** : Les modèles d'IA évaluent le risque en analysant un large éventail de données, notamment les informations sur les assurés, les données historiques sur les sinistres et les facteurs environnementaux.
    - *Étude de cas* : Zurich Insurance utilise l'IA pour évaluer les risques et fixer les primes. Le système d'IA analyse les données relatives au comportement des assurés, aux conditions météorologiques et à d'autres facteurs afin de prédire les niveaux de risque et de déterminer les primes appropriées.
    - *Exemple* : Une compagnie d'assurance maladie utilise l'IA pour analyser les données des patients et prédire la probabilité des demandes de remboursement. Le système d'IA aide la compagnie à fixer les primes avec plus de précision et à identifier les assurés susceptibles de bénéficier de mesures préventives.

3. L'IA dans la lutte contre le blanchiment d'argent (AML)

- **Contrôle des transactions** : L'IA examine les transactions pour détecter les signes de blanchiment d'argent en analysant les schémas et en identifiant les activités suspectes.
    - *Exemple* : HSBC utilise l'IA pour améliorer ses efforts en matière de lutte contre le blanchiment d'argent. Le système d'IA filtre les transactions, signale les activités potentielles de blanchiment d'argent et donne la priorité aux enquêtes menées par les responsables de la conformité.
    - *Scénario* : Une bourse de crypto-monnaies utilise l'IA pour surveiller les transactions dans le cadre de la conformité AML. Le système d'IA détecte des schémas inhabituels indiquant un blanchiment d'argent, tels que des transferts rapides entre comptes, et alerte les équipes de conformité pour une enquête plus approfondie.
- **Contrôle préalable de la clientèle** : L'IA automatise les processus de vigilance à l'égard de la clientèle en analysant les informations sur les clients et en identifiant les personnes ou les entités à haut risque.
    - *Scénario* : Une banque utilise l'IA pour effectuer un contrôle préalable des nouveaux clients. Le système d'IA analyse les antécédents financiers des clients, leurs affiliations commerciales et d'autres données afin d'évaluer leur niveau de risque et de garantir la conformité avec les réglementations en matière de lutte contre le blanchiment d'argent.
    - *Étude de cas* : Une institution financière internationale utilise l'IA pour améliorer ses procédures KYC (Know Your Customer). Le système d'IA recoupe plusieurs sources de données pour vérifier l'identité des clients et détecter les risques potentiels, rationalisant ainsi le processus d'intégration et améliorant la conformité.

L'IA dans la finance et l'investissement : Aperçus techniques

L'apprentissage automatique en finance

Les algorithmes d'apprentissage automatique analysent de grandes quantités de données financières pour identifier des modèles, faire des prédictions et automatiser des processus.

- **Apprentissage supervisé** : Utilisé pour des tâches telles que la prédiction des cours boursiers sur la base de données historiques ou l'évaluation du risque de crédit sur la base des antécédents financiers des demandeurs.
  - *Exemple* : Un modèle d'intelligence artificielle est formé à partir de données historiques sur les cours des actions afin de prédire l'évolution future de ces cours. Le modèle identifie les modèles et les tendances qui indiquent quand acheter ou vendre une action.
- **Apprentissage non supervisé** : Aide à découvrir des modèles cachés dans les données financières, comme le regroupement d'opportunités d'investissement similaires ou l'identification d'activités de négociation inhabituelles.
  - *Scénario* : Un système d'IA utilise l'apprentissage non supervisé pour identifier des groupes d'opportunités d'investissement similaires sur la base des performances historiques, de la volatilité et d'autres facteurs. Cela permet aux gestionnaires de portefeuille de diversifier les investissements et d'optimiser les rendements.
- **Apprentissage par renforcement** : Appliqué au trading algorithmique, il permet d'optimiser les stratégies de trading en fonction des conditions du marché et des performances passées.
  - *Étude de cas* : Une plateforme de négociation pilotée par l'IA utilise l'apprentissage par renforcement pour développer des stratégies de négociation. Le système d'IA tire des enseignements des transactions passées et adapte en permanence ses stratégies à l'évolution des conditions du marché, améliorant ainsi la rentabilité au fil du temps.

Traitement du langage naturel (NLP) dans la finance

Le NLP permet aux systèmes d'IA de comprendre et de traiter le langage humain, ce qui le rend inestimable pour les applications financières.

- **Analyse des sentiments** : Les outils NLP analysent les articles de presse, les messages sur les médias sociaux et les rapports sur les résultats pour évaluer le sentiment du marché et prédire les mouvements des prix des actions.
  - *Exemple* : Un système d'IA analyse les rapports trimestriels sur les bénéfices pour identifier les sentiments positifs ou négatifs, aidant ainsi les investisseurs à prendre des décisions éclairées.
  - *Scénario* : Un fonds spéculatif utilise le NLP pour analyser le sentiment des discours des PDG lors des appels à contribution. Le système d'IA détecte les changements subtils de ton et de langage, ce qui donne des indications sur les performances futures de l'entreprise.
- **Rapports automatisés** : L'IA génère des rapports financiers et des informations en analysant des données non structurées, telles que des courriels et des documents.
  - *Étude de cas* : Une société de gestion d'actifs utilise l'IA pour automatiser la production de rapports de performance trimestriels. Le système d'IA extrait les informations pertinentes des courriels, des documents et des bases de données, créant ainsi des rapports complets avec une intervention humaine minimale.
  - *Exemple* : Un analyste financier utilise un outil d'IA pour produire des résumés quotidiens du marché. Le système d'IA compile des données provenant de diverses sources, identifie les principales tendances et produit des rapports concis à l'intention des clients.

Défis et limites

Malgré son potentiel, l'IA dans la finance et l'investissement est confrontée à plusieurs défis :

- **Qualité et disponibilité des données** : des données de haute qualité sont essentielles pour l'entraînement des modèles d'intelligence artificielle. Des données incomplètes ou inexactes peuvent conduire à des prédictions et des décisions peu fiables.
  - *Scénario* : Une institution financière investit dans des processus de nettoyage et d'enrichissement des données afin de garantir l'exactitude et l'exhaustivité des données utilisées pour former ses modèles d'IA.
  - *Étude de cas* : Une société d'investissement est confrontée à des problèmes de qualité des données lorsqu'elle intègre l'IA dans ses stratégies de négociation. En mettant en œuvre des pratiques robustes de gouvernance des données, l'entreprise améliore la précision des données et la performance de ses modèles d'IA.
- **Conformité réglementaire** : Le secteur de la finance est très réglementé, et les systèmes d'IA doivent se conformer à diverses réglementations, telles que GDPR et MiFID II.
  - *Exemple* : Une plateforme de négociation alimentée par l'IA met en œuvre des mécanismes de conformité robustes pour garantir le respect des exigences réglementaires, y compris des rapports transparents et des protections de la confidentialité des données.
  - *Scénario* : Une banque développe un système d'IA pour contrôler la conformité des transactions aux règles de lutte contre le blanchiment d'argent. Le système d'IA signale les activités suspectes et génère des rapports de conformité, garantissant ainsi que la banque respecte les normes réglementaires.
- **Biais dans les modèles d'IA** : Les modèles d'IA peuvent hériter des biais des données sur lesquelles ils sont formés, ce qui peut conduire à des résultats injustes ou discriminatoires.

- o *Étude de cas* : Un système IA d'évaluation du crédit fait l'objet d'un audit qui révèle qu'il désavantage injustement certains groupes démographiques. L'institution financière réapprend le modèle en utilisant des données plus diversifiées afin d'atténuer les biais et d'améliorer l'équité.
- o *Exemple* : Une entreprise de fintech s'attaque aux préjugés dans son modèle d'IA d'approbation de prêt en intégrant des algorithmes d'équité. Ces algorithmes garantissent que le modèle fournit des résultats équitables pour les demandeurs de différents milieux.

- **Risques de cybersécurité** : Les systèmes d'IA dans la finance sont des cibles attrayantes pour les cyberattaques, nécessitant des mesures de sécurité robustes pour protéger les données sensibles.
  - o *Scénario* : Une banque met en œuvre des mesures de cybersécurité avancées, telles que le cryptage et l'authentification multifactorielle, pour protéger ses systèmes d'intelligence artificielle contre les accès non autorisés et les violations de données.
  - o *Étude de cas* : Une société d'investissement renforce ses protocoles de cybersécurité après une tentative de violation de données visant ses systèmes de négociation par IA. L'entreprise utilise des solutions de sécurité pilotées par l'IA pour détecter les menaces et y répondre en temps réel.

Tendances futures de l'IA dans la finance et l'investissement

Alors que la technologie de l'IA continue d'évoluer, plusieurs tendances devraient façonner l'avenir de la finance et de l'investissement :

- **Amélioration de l'expérience client** : L'IA continuera d'améliorer l'expérience client en fournissant des conseils financiers personnalisés, une assistance en temps réel et des interactions transparentes sur les canaux numériques.
  - o *Exemple* : Un conseiller financier virtuel alimenté par l'IA fournit des recommandations d'investissement

personnalisées basées sur des données de marché en temps réel et des objectifs financiers individuels, améliorant ainsi l'expérience client.

- o *Scénario* : Une banque intègre des chatbots pilotés par l'IA dans son application mobile afin de fournir à ses clients des conseils et une assistance financière instantanés. Le système d'IA personnalise les interactions en fonction du profil financier et des préférences du client.

- **Gestion avancée des risques** : L'IA améliorera la gestion des risques en fournissant des prévisions plus précises de la volatilité des marchés, du risque de crédit et d'autres risques financiers.
  - o *Étude de cas* : Une société d'investissement utilise l'IA pour modéliser et prédire la volatilité du marché, ce qui permet aux gestionnaires de portefeuille de prendre des décisions éclairées et d'atténuer les risques.
  - o *Exemple* : Une compagnie d'assurance utilise l'IA pour évaluer les risques et prévoir les sinistres potentiels. Le système d'IA analyse un large éventail de données, notamment les conditions météorologiques et le comportement des assurés, afin de fournir une évaluation précise des risques.

- **Investissements ESG pilotés par l'IA** : L'IA jouera un rôle crucial dans l'investissement environnemental, social et de gouvernance (ESG) en analysant les données sur les pratiques des entreprises en matière de développement durable et en évaluant leur impact sur la performance des investissements.
  - o *Scénario* : Une société de gestion d'actifs utilise l'IA pour analyser les données ESG et identifier les entreprises ayant de bonnes pratiques en matière de développement durable. Le système d'IA aide à créer des portefeuilles qui s'alignent sur les valeurs des investisseurs et offrent des rendements compétitifs.
  - o *Étude de cas* : Un fonds de pension utilise l'IA pour évaluer les performances ESG d'investissements potentiels. Le système d'IA analyse l'impact environnemental, la responsabilité sociale et les pratiques de gouvernance, ce

qui permet au fonds d'investir dans des entreprises qui répondent à ses critères de durabilité.

- **Intégration de la blockchain et de l'IA** : L'intégration de l'IA à la technologie blockchain renforcera la transparence, la sécurité et l'efficacité des transactions et des processus financiers.
  - *Exemple* : Une institution financière intègre l'IA à la blockchain pour automatiser et sécuriser ses opérations de financement du commerce. Le système d'IA vérifie les données des transactions sur la blockchain, réduisant ainsi la fraude et renforçant la confiance.
  - *Scénario* : Une banque mondiale utilise l'IA et la blockchain pour rationaliser les paiements transfrontaliers. Le système d'IA optimise les itinéraires de paiement et veille à ce que les transactions soient enregistrées en toute sécurité sur la blockchain, réduisant ainsi les délais de traitement et les coûts.

Conclusion

L'IA transforme les secteurs de la finance et de l'investissement en automatisant les processus, en renforçant la prise de décision et en améliorant l'expérience client. Du trading algorithmique et de la gestion des risques à la gestion des finances personnelles et à la détection des fraudes, l'IA stimule l'innovation et crée de nouvelles opportunités dans la finance. À mesure que la technologie de l'IA continue de progresser, son potentiel de révolution de la finance et de l'investissement ne fera que croître, offrant des possibilités passionnantes pour l'avenir de l'industrie.

L'IA dans la domotique

Introduction

L'intelligence artificielle (IA) révolutionne la domotique en fournissant des systèmes intelligents qui améliorent le confort, la sécurité et l'efficacité énergétique. Les appareils domestiques intelligents alimentés par l'IA peuvent apprendre les préférences de l'utilisateur, automatiser les tâches routinières et répondre aux commandes vocales, ce qui rend la vie quotidienne plus confortable et plus efficace. Cette section explore les différentes applications de l'IA dans la domotique, en fournissant des exemples détaillés, des études de cas et un aperçu des avantages et des défis.

Appareils domestiques intelligents

Les appareils domestiques intelligents alimentés par l'IA offrent un éventail de fonctionnalités, allant du contrôle de l'éclairage et de la température à la gestion des systèmes de sécurité et des appareils électroménagers.

- **Thermostats intelligents** : Les thermostats alimentés par l'IA apprennent les préférences de l'utilisateur et ajustent la température en conséquence, optimisant ainsi la consommation d'énergie et réduisant les coûts.
    - *Exemple* : Le thermostat Nest utilise l'intelligence artificielle pour connaître l'emploi du temps de l'utilisateur et ses températures préférées. Il ajuste automatiquement les réglages pour assurer le confort tout en optimisant la consommation d'énergie, ce qui permet de réaliser d'importantes économies d'énergie.
    - *Étude de cas* : Une famille installe un thermostat Nest et constate une réduction de 20 % de ses factures d'énergie au cours de la première année. La capacité du système d'intelligence artificielle à prédire et à ajuster les réglages

de température en fonction des habitudes de la famille joue un rôle crucial dans la réalisation de ces économies.

- **Éclairage intelligent** : Les systèmes d'IA contrôlent l'éclairage en fonction des habitudes des utilisateurs et des niveaux de lumière naturelle, améliorant ainsi le confort et l'efficacité énergétique.
  - *Scénario* : Le système d'éclairage intelligent Philips Hue utilise l'IA pour ajuster l'éclairage en fonction de l'heure de la journée et des préférences de l'utilisateur. Le système peut imiter la lumière naturelle du soleil, ce qui améliore l'ambiance et peut avoir un effet bénéfique sur le rythme circadien des utilisateurs.
  - *Exemple* : Un propriétaire utilise le système Philips Hue pour créer des ambiances lumineuses personnalisées en fonction de différentes activités, telles que la lecture, le travail ou la détente. Le système d'IA ajuste automatiquement les lumières en fonction des paramètres préférés de l'utilisateur.
- **Systèmes de sécurité intelligents** : L'IA renforce la sécurité domestique en analysant les données des caméras, des capteurs et des alarmes afin de détecter les menaces potentielles et d'y répondre.
  - *Étude de cas* : Les caméras de sécurité Ring alimentées par l'IA utilisent la reconnaissance faciale et la détection de mouvement pour identifier les intrus potentiels. Le système alerte les propriétaires et peut déclencher automatiquement des alarmes ou contacter les services d'urgence si une menace est détectée.
  - *Exemple* : Un propriétaire installe des caméras de sécurité Ring et bénéficie d'une plus grande tranquillité d'esprit en sachant que le système d'IA peut surveiller sa propriété et l'alerter en cas d'activité suspecte.

Assistants à commande vocale

Les assistants IA à commande vocale, tels qu'Amazon Alexa et Google Assistant, permettent aux utilisateurs de contrôler les appareils domestiques intelligents à l'aide de commandes vocales.

- **Amazon Alexa** : Alexa s'intègre à divers appareils domestiques intelligents, permettant aux utilisateurs de contrôler les lumières, les thermostats, les systèmes de sécurité et bien d'autres choses encore à l'aide de commandes vocales.
  - *Exemple* : Un utilisateur demande à Alexa d'éteindre les lumières, de régler le thermostat et de verrouiller les portes avant d'aller se coucher. L'assistant IA exécute ces commandes de manière transparente, améliorant ainsi la commodité et la sécurité.
  - *Scénario* : Une personne âgée utilise Alexa pour contrôler les appareils de sa maison intelligente, ce qui facilite la gestion des tâches quotidiennes et améliore son indépendance.
- **Google Assistant** : Google Assistant offre des fonctionnalités similaires, en s'intégrant aux appareils domestiques intelligents et en fournissant une assistance personnalisée.
  - *Étude de cas* : Une famille utilise l'assistant Google pour gérer l'écosystème de sa maison intelligente, notamment l'éclairage, le chauffage et les systèmes de divertissement. L'assistant IA apprend leurs préférences et leurs habitudes, ce qui facilite le contrôle des différents appareils et fournit des recommandations personnalisées.
  - *Exemple* : Un utilisateur demande à l'assistant Google de jouer de la musique, de programmer des rappels et de fournir des mises à jour météorologiques tout en se préparant pour la journée. L'assistant IA améliore la productivité et la commodité grâce à une intégration transparente avec les appareils domestiques intelligents.

Concentrateurs domotiques

Les hubs domotiques alimentés par l'IA centralisent le contrôle des appareils domestiques intelligents, en fournissant une interface unifiée pour la gestion des différents systèmes.

- **SmartThings Hub** : Le SmartThings Hub de Samsung s'intègre à une large gamme d'appareils domestiques intelligents, permettant aux utilisateurs de tout contrôler à partir d'une seule application ou d'un assistant vocal.
  - *Exemple* : Un utilisateur intègre ses lumières intelligentes, son thermostat et son système de sécurité au SmartThings Hub. Le hub alimenté par l'IA automatise des routines, telles que l'extinction des lumières et le verrouillage des portes lorsque l'utilisateur quitte la maison.
  - *Scénario* : Un propriétaire utilise SmartThings pour créer des règles d'automatisation personnalisées, telles que l'allumage des lumières extérieures lorsqu'un mouvement est détecté dans la cour. Le système d'IA améliore la sécurité et le confort en automatisant ces tâches.
- **Apple HomeKit** : HomeKit d'Apple fournit une plateforme sécurisée pour gérer les appareils domestiques intelligents, offrant une intégration transparente avec Siri pour le contrôle vocal.
  - *Étude de cas* : Un utilisateur configure HomeKit pour contrôler les appareils de sa maison intelligente, notamment les lumières, les serrures et les caméras. Le système d'IA s'intègre à Siri, ce qui permet à l'utilisateur de gérer sa maison à l'aide de commandes vocales et de garantir la sécurité des données grâce à un chiffrement de bout en bout.
  - *Exemple* : Un utilisateur configure des règles d'automatisation dans HomeKit pour régler le thermostat et l'éclairage en fonction de son emploi du temps quotidien. Le système d'IA apprend leurs routines et fait

des ajustements pour améliorer le confort et l'efficacité énergétique.

L'IA dans la sécurité domestique

L'IA renforce la sécurité domestique en offrant des capacités avancées de surveillance et de détection des menaces.

- **Reconnaissance faciale** : Les caméras de sécurité alimentées par l'IA utilisent la reconnaissance faciale pour identifier les personnes connues et détecter les étrangers, ce qui renforce la sécurité.
    - *Exemple* : Un propriétaire installe un système de sécurité doté de fonctions de reconnaissance faciale. Le système d'IA reconnaît les membres de la famille et les visiteurs réguliers, tout en alertant le propriétaire de toute personne inconnue détectée sur la propriété.
    - *Scénario* : Un chef d'entreprise utilise la reconnaissance faciale pour contrôler l'accès à son bureau à domicile. Le système d'IA garantit que seules les personnes autorisées peuvent entrer, ce qui renforce la sécurité et protège les informations sensibles.
- **Détection d'anomalies** : Les systèmes d'IA analysent les données provenant de capteurs et de caméras afin de détecter des activités inhabituelles ou des anomalies susceptibles d'indiquer une menace pour la sécurité.
    - *Étude de cas* : Un système de sécurité alimenté par l'IA détecte des mouvements inhabituels autour d'une propriété et alerte le propriétaire en cas d'effraction potentielle. La capacité du système à reconnaître les anomalies et à y répondre renforce la sécurité et assure la tranquillité d'esprit.
    - *Exemple* : Un système de sécurité domestique intelligent utilise l'IA pour surveiller les bruits inhabituels, comme un bris de verre ou une entrée par effraction. Le système d'IA peut faire la différence entre les bruits domestiques

normaux et les menaces potentielles, ce qui réduit les fausses alarmes et améliore la sécurité.

Gestion de l'énergie

L'IA optimise l'utilisation de l'énergie dans les maisons intelligentes, réduisant ainsi les coûts et l'impact sur l'environnement.

- **Compteurs intelligents** : Les compteurs intelligents alimentés par l'IA suivent la consommation d'énergie et fournissent des informations sur les habitudes d'utilisation, aidant ainsi les propriétaires à réduire le gaspillage d'énergie.
    - *Exemple* : Un propriétaire installe un compteur intelligent qui suit sa consommation d'énergie en temps réel. Le système d'IA analyse les données et fournit des recommandations pour réduire la consommation d'énergie, par exemple en utilisant les appareils pendant les heures creuses.
    - *Scénario* : Un système de gestion de l'énergie alimenté par l'IA détecte que le propriétaire laisse souvent les lumières allumées dans les pièces inoccupées. Le système propose d'installer des détecteurs de mouvement pour éteindre automatiquement les lumières lorsque personne n'est présent, réduisant ainsi le gaspillage d'énergie.
- **Appareils électroménagers économes en énergie** : Les appareils alimentés par l'IA ajustent leur fonctionnement pour optimiser la consommation d'énergie, réduisant ainsi les coûts et l'impact sur l'environnement.
    - *Étude de cas* : Une famille utilise des appareils alimentés par l'IA, tels qu'un réfrigérateur et un lave-linge intelligents, qui ajustent leur consommation d'énergie en fonction de l'heure de la journée et des tarifs de l'électricité. Les systèmes d'IA aident la famille à économiser sur ses factures d'énergie tout en réduisant son empreinte carbone.

- o *Exemple* : Un lave-linge alimenté par l'IA ajuste sa consommation d'eau et d'énergie en fonction de la taille de la charge et du type de tissu. Le système optimise les performances et l'efficacité, réduisant ainsi le gaspillage d'eau et d'énergie.

Études de cas et exemples

1. L'IA dans les cuisines intelligentes

- **Réfrigérateurs intelligents** : Les réfrigérateurs dotés d'une intelligence artificielle suivent les stocks de nourriture, suggèrent des recettes et créent des listes de courses en fonction de leur contenu.
  - o *Exemple* : Un réfrigérateur intelligent doté de capacités d'IA suit les dates de péremption des aliments et suggère des recettes pour utiliser les ingrédients avant qu'ils ne se gâtent. Le système génère également une liste de courses pour les articles qui doivent être réapprovisionnés.
  - o *Scénario* : Un propriétaire utilise un réfrigérateur intelligent pour gérer plus efficacement ses courses. Le système d'IA lui rappelle d'utiliser les denrées périssables et lui suggère des plans de repas en fonction des ingrédients disponibles.
- **Appareils à commande vocale** : Les appareils de cuisine alimentés par l'IA, tels que les fours et les cafetières, réagissent aux commandes vocales pour fonctionner les mains libres.
  - o *Étude de cas* : Une famille utilise des appareils de cuisine à commande vocale, tels qu'un four alimenté par l'IA qui préchauffe à la température souhaitée sur commande. Le système d'IA est plus pratique et permet à la famille d'effectuer plusieurs tâches à la fois.
  - o *Exemple* : Un utilisateur demande à sa cafetière intelligente de préparer un café frais le matin. Le système d'IA répond à la commande vocale et prépare le café, ce

qui permet de commencer la journée de manière transparente et pratique.

2. L'IA dans les salles de bains intelligentes

- **Miroirs intelligents** : Les miroirs alimentés par l'IA fournissent des informations personnalisées, telles que des mises à jour météorologiques, des nouvelles et des conseils de santé, pendant que les utilisateurs se préparent le matin.
  - *Exemple* : Un miroir intelligent affiche l'emploi du temps de l'utilisateur, les prévisions météorologiques et les informations routières pendant qu'il se brosse les dents. Le système d'IA permet de commencer la journée de manière personnalisée et informative.
  - *Scénario* : Un utilisateur configure son miroir intelligent pour qu'il lui fournisse des recommandations en matière de soins de la peau en fonction du temps qu'il fait et de son type de peau. Le système d'IA suggère des produits et des routines appropriés pour maintenir une peau saine.
- **Systèmes de gestion de l'eau** : Les systèmes alimentés par l'IA surveillent la consommation d'eau et détectent les fuites, aidant les propriétaires à économiser l'eau et à réduire les coûts.
  - *Étude de cas* : Une famille installe un système de gestion de l'eau alimenté par l'IA qui détecte une fuite dans sa plomberie. Le système d'IA avertit la famille du problème, ce qui lui permet d'y remédier rapidement et d'éviter des dégâts des eaux coûteux.
  - *Exemple* : Un système de douche alimenté par l'IA ajuste la température et le débit de l'eau en fonction des préférences de l'utilisateur, optimisant ainsi le confort et réduisant le gaspillage d'eau.

L'IA dans la domotique : Aperçus techniques

L'apprentissage automatique dans la domotique

Les algorithmes d'apprentissage automatique permettent aux appareils domestiques intelligents d'apprendre du comportement de l'utilisateur et d'améliorer leurs performances au fil du temps.

- **Apprentissage supervisé** : Utilisé pour des tâches telles que la prédiction des préférences de l'utilisateur et l'ajustement des paramètres de l'appareil en conséquence.
    - *Exemple* : Un thermostat IA utilise l'apprentissage supervisé pour prédire les réglages de température préférés de l'utilisateur sur la base de données historiques. Le système ajuste automatiquement la température pour maintenir le confort.
- **Apprentissage non supervisé** : Aide à découvrir des modèles dans le comportement des utilisateurs, tels que l'identification des routines et l'automatisation des tâches.
    - *Scénario* : Un système domotique alimenté par l'IA utilise l'apprentissage non supervisé pour identifier les routines quotidiennes du propriétaire, comme l'heure de son réveil et de son coucher. Le système automatise des tâches telles que l'extinction des lumières et le réglage du thermostat en fonction de ces habitudes.
- **Apprentissage par renforcement** : Appliqué aux systèmes qui s'adaptent continuellement aux commentaires des utilisateurs, optimisant ainsi leurs performances au fil du temps.
    - *Étude de cas* : Un aspirateur robotisé alimenté par l'IA utilise l'apprentissage par renforcement pour optimiser ses itinéraires de nettoyage en fonction des commentaires de l'utilisateur. Le système apprend à éviter les obstacles et à couvrir toutes les zones de la maison plus efficacement.

Traitement du langage naturel (TLN) dans la domotique

La PNL permet aux assistants à commande vocale et aux appareils domestiques intelligents de comprendre les commandes vocales et d'y répondre.

- **Reconnaissance vocale** : Les systèmes de PNL reconnaissent et traitent le langage parlé, ce qui permet aux utilisateurs de contrôler des appareils par des commandes vocales.
  - *Exemple* : Un assistant IA utilise le NLP pour comprendre des commandes telles que "éteindre les lumières" ou "régler le thermostat à 72 degrés". Le système exécute ces commandes de manière transparente, offrant ainsi un contrôle mains libres.
- **Compréhension du contexte** : Les systèmes NLP avancés comprennent le contexte des commandes, ce qui améliore la précision et la pertinence de leurs réponses.
  - *Scénario* : Un utilisateur demande à son assistant IA : "Quel temps fait-il aujourd'hui ?" Le système NLP comprend le contexte et fournit des prévisions météorologiques détaillées, y compris la température, les précipitations et le vent.

Défis et limites

Malgré son potentiel, l'IA dans la domotique est confrontée à plusieurs défis :

- **Confidentialité et sécurité des données** : La protection des données des utilisateurs est cruciale, car les appareils domestiques intelligents collectent et traitent des informations sensibles.
  - *Scénario* : Un système domestique intelligent met en œuvre un cryptage avancé et des contrôles d'accès pour protéger les données des utilisateurs. Des mises à jour de

sécurité régulières garantissent que le système reste protégé contre les menaces potentielles.

- **Interopérabilité** : Assurer la compatibilité entre les différents appareils et plateformes de la maison intelligente peut s'avérer difficile.
  - ○ *Étude de cas* : Un propriétaire éprouve des difficultés à intégrer des appareils de différents fabricants dans un système domestique intelligent unique. L'utilisation de protocoles et d'API normalisés permet de résoudre ces problèmes d'interopérabilité.
- Le **coût** : L'investissement initial dans les appareils et systèmes domestiques intelligents peut être élevé, ce qui limite l'accessibilité pour certains utilisateurs.
  - ○ *Exemple* : Une famille décide d'équiper progressivement sa maison d'appareils intelligents, en commençant par un thermostat intelligent et en ajoutant d'autres appareils au fur et à mesure que son budget le lui permet.
- **Complexité** : La mise en place et la gestion d'un système de maison intelligente peuvent être complexes et nécessiter des connaissances techniques et une assistance.
  - ○ *Scénario* : Un propriétaire engage un installateur professionnel pour mettre en place son système de maison intelligente, en s'assurant que tous les appareils sont correctement configurés et intégrés.

Tendances futures de l'IA dans la domotique

Alors que la technologie de l'IA continue d'évoluer, plusieurs tendances devraient façonner l'avenir de la domotique :

- **Intégration avec les énergies renouvelables** : L'IA optimisera l'utilisation des sources d'énergie renouvelables, telles que les panneaux solaires, pour alimenter les maisons intelligentes de manière plus efficace.
  - ○ *Exemple* : Un système de gestion de l'énergie alimenté par l'IA s'intègre aux panneaux solaires pour optimiser

l'utilisation de l'énergie, en stockant l'énergie excédentaire pour l'utiliser pendant les heures de pointe et réduire la dépendance à l'égard du réseau.

- **Personnalisation accrue** : L'IA offrira des expériences plus personnalisées en apprenant du comportement et des préférences des utilisateurs.
    - *Étude de cas* : Un système domestique intelligent apprend les préférences de l'utilisateur en matière d'éclairage, de température et de divertissement, créant ainsi des environnements personnalisés pour différentes activités, telles que le travail, la détente et le sommeil.
- **Surveillance de la santé à domicile par l'IA** : L'IA permettra aux maisons intelligentes de surveiller les paramètres de santé, tels que le rythme cardiaque et les habitudes de sommeil, et de fournir des informations et des recommandations pour améliorer la santé et le bien-être.
    - *Scénario* : Un système de surveillance de la santé à domicile alimenté par l'IA suit les habitudes de sommeil d'un utilisateur et fournit des recommandations pour améliorer la qualité du sommeil, par exemple en ajustant la température et l'éclairage de la chambre à coucher.
- **Intégration avec les villes intelligentes** : Les maisons intelligentes alimentées par l'IA s'intégreront à l'infrastructure des villes intelligentes, améliorant ainsi la connectivité et la gestion des ressources.
    - *Exemple* : Un système domestique intelligent communique avec le réseau local intelligent pour optimiser l'utilisation de l'énergie sur la base de données en temps réel provenant de la ville, réduisant ainsi les coûts énergétiques et contribuant à l'efficacité énergétique globale.

Conclusion

L'IA révolutionne la domotique en fournissant des systèmes intelligents qui améliorent la commodité, la sécurité et l'efficacité énergétique. Des thermostats et éclairages intelligents aux assistants à commande vocale en passant par les systèmes de sécurité à domicile, les dispositifs alimentés par l'IA transforment la vie quotidienne. Au fur et à mesure que la technologie de l'IA progresse, son potentiel d'amélioration de la domotique ne fera que croître, offrant des possibilités passionnantes pour l'avenir des maisons intelligentes.

L'IA dans les transports

Introduction

L'intelligence artificielle (IA) révolutionne l'industrie du transport en améliorant l'efficacité, la sécurité et la durabilité des différents modes de transport. Des voitures et véhicules autonomes aux systèmes de gestion du trafic et à l'optimisation des itinéraires, les technologies de l'IA transforment la manière dont nous déplaçons les personnes et les marchandises. Cette section explore les diverses applications de l'IA dans les transports, en fournissant des exemples détaillés, des études de cas et un aperçu des avantages et des défis.

Voitures auto-conduites et véhicules autonomes

Les voitures auto-conduites et les véhicules autonomes font partie des avancées les plus significatives dans le domaine des transports pilotés par l'IA. Ces véhicules utilisent l'IA pour naviguer, détecter les obstacles et prendre des décisions en temps réel.

- **Véhicules autonomes** : Les technologies de l'IA, notamment la vision artificielle, la fusion de capteurs et l'apprentissage automatique, permettent aux véhicules de se conduire eux-mêmes avec peu ou pas d'intervention humaine.
    - *Exemple* : Waymo, une filiale d'Alphabet Inc, a développé des véhicules autonomes qui utilisent l'IA pour naviguer dans des environnements urbains complexes. Ces véhicules s'appuient sur une combinaison de LiDAR, de radars et de caméras pour détecter les obstacles et prendre des décisions de conduite.
    - *Étude de cas* : Les véhicules autonomes de Waymo ont parcouru des millions de kilomètres sur les routes publiques, démontrant le potentiel de l'IA pour améliorer la sécurité et l'efficacité des transports. À Phoenix, en Arizona, Waymo exploite un service commercial de taxis

autoguidés, offrant des trajets aux passagers sans conducteur humain.

- **Systèmes avancés d'aide à la conduite (ADAS)** : Les fonctions ADAS alimentées par l'IA, telles que le régulateur de vitesse adaptatif, l'assistance au maintien de la trajectoire et le freinage d'urgence automatique, améliorent la sécurité du véhicule et le confort de conduite.
    - *Scénario* : Une voiture équipée d'un système d'aide à la conduite (ADAS) alimenté par l'IA peut maintenir une distance de sécurité, respecter les marquages de la voie et freiner automatiquement pour éviter les collisions. Ces fonctions réduisent le risque d'accident et rendent la conduite moins stressante.
    - *Exemple* : Le système Autopilot de Tesla utilise l'IA pour fournir des capacités de conduite semi-autonome, y compris les changements de voie automatiques et l'auto-stationnement. Le système apprend en permanence à partir des données collectées sur les véhicules Tesla du monde entier, améliorant ainsi ses performances au fil du temps.

L'IA dans la gestion du trafic

L'IA améliore la gestion du trafic en optimisant les flux de circulation, en réduisant les embouteillages et en améliorant la sécurité routière.

- **Prévision et gestion du trafic** : Les systèmes d'IA analysent les données du trafic en temps réel et les modèles historiques pour prédire les conditions de circulation et optimiser les horaires des feux de signalisation.
    - *Étude de cas* : À Pittsburgh, en Pennsylvanie, le système de signalisation Surtrac utilise l'intelligence artificielle pour adapter les horaires de signalisation en fonction des conditions de circulation en temps réel. Le système a permis de réduire les temps de trajet de 25 % et de

diminuer les temps d'attente aux intersections, améliorant ainsi la fluidité du trafic.

- *Exemple* : Un système de gestion du trafic alimenté par l'IA analyse les données provenant de capteurs et de caméras pour prédire les embouteillages et ajuster les feux de circulation en conséquence. Cet ajustement dynamique réduit les goulets d'étranglement et améliore l'efficacité des réseaux de transport urbain.

- **Détection et réponse aux incidents** : Les systèmes d'IA détectent les incidents de circulation, tels que les accidents ou les fermetures de routes, et fournissent des informations en temps réel aux conducteurs et aux autorités chargées de la circulation.
  - *Scénario* : Un système d'intelligence artificielle surveille les caméras de circulation et identifie un accident sur une autoroute très fréquentée. Le système alerte les services d'urgence et propose aux conducteurs des itinéraires alternatifs pour éviter la zone touchée.
  - *Exemple* : Waze, une application de navigation, utilise l'IA pour analyser les incidents signalés par les utilisateurs et les données relatives au trafic. L'application fournit des mises à jour en temps réel sur les conditions de circulation et suggère des itinéraires alternatifs pour aider les conducteurs à éviter les retards.

Optimisation des itinéraires

L'IA améliore l'optimisation des itinéraires pour divers modes de transport, notamment les transports publics, les services de livraison et les déplacements personnels.

- **Transports publics** : Les systèmes d'IA optimisent les itinéraires et les horaires des transports publics, améliorant ainsi l'efficacité et réduisant les temps d'attente pour les passagers.
  - *Exemple* : Citymapper, une application de transport en commun, utilise l'IA pour fournir des informations en temps réel sur les transports en commun et des

recommandations d'itinéraires. L'application aide les passagers à trouver les itinéraires les plus rapides et les plus pratiques en fonction des conditions de circulation et des horaires des transports en commun.

- o *Étude de cas* : À Singapour, la Land Transport Authority (LTA) utilise l'IA pour optimiser les itinéraires et les horaires des bus. Le système d'IA analyse les données relatives à la demande des passagers et aux conditions de circulation afin d'adapter les itinéraires et d'améliorer la fiabilité du service.

- **Services de livraison** : L'optimisation des itinéraires alimentée par l'IA aide les entreprises de livraison à réduire les coûts et à améliorer les délais de livraison.
  - o *Scénario* : Une entreprise de commerce électronique utilise l'IA pour optimiser les itinéraires de livraison de sa flotte de camions. Le système d'IA prend en compte des facteurs tels que les conditions de circulation, les créneaux horaires de livraison et les capacités des véhicules pour créer des itinéraires efficaces.
  - o *Exemple* : UPS utilise un système d'intelligence artificielle appelé ORION (On-Road Integrated Optimization and Navigation) pour optimiser les itinéraires de livraison. Le système analyse les données relatives à l'emplacement des colis, aux conditions de circulation et aux contraintes de livraison afin de réduire la consommation de carburant et les délais de livraison.

L'IA dans l'aviation

L'IA transforme l'industrie aéronautique en améliorant les opérations de vol, en renforçant la sécurité et en optimisant les processus de maintenance.

- **Opérations aériennes** : Les systèmes d'IA aident les pilotes à planifier les vols, à naviguer et à prendre des décisions, améliorant ainsi l'efficacité et la sécurité.

- o *Exemple* : Airbus utilise un système d'IA appelé "Skywise" pour analyser les données des capteurs des avions et améliorer les opérations de vol. Le système fournit aux pilotes des informations et des recommandations en temps réel, améliorant ainsi la connaissance de la situation et la prise de décision.
  - o *Scénario* : Un système de planification des vols alimenté par l'IA analyse les conditions météorologiques, le trafic aérien et la consommation de carburant pour créer des plans de vol optimaux. Ce système aide les compagnies aériennes à réduire leurs coûts de carburant et à améliorer leur ponctualité.
- **Maintenance prédictive** : Les systèmes d'IA prévoient les besoins de maintenance en analysant les données des capteurs des aéronefs, ce qui permet de réduire les temps d'arrêt et d'améliorer la fiabilité.
  - o *Étude de cas* : Delta Air Lines utilise un système d'intelligence artificielle pour prévoir les problèmes de maintenance et programmer les réparations de manière proactive. Le système analyse les données des capteurs des avions pour identifier les problèmes potentiels avant qu'ils n'entraînent des défaillances, ce qui permet de réduire les retards et d'améliorer la fiabilité de la flotte.
  - o *Exemple* : Un système de maintenance alimenté par l'IA surveille les performances des moteurs et prédit quand les composants doivent être remplacés. Le système aide les compagnies aériennes à éviter les pannes imprévues et à optimiser les programmes de maintenance.

L'IA dans le transport ferroviaire

L'IA renforce le transport ferroviaire en améliorant la sécurité, l'efficacité et l'expérience des passagers.

- **Maintenance prédictive** : Les systèmes d'IA analysent les données des capteurs installés sur les trains et les voies pour prévoir les besoins de maintenance et prévenir les pannes.
  - *Exemple* : La Deutsche Bahn, la compagnie ferroviaire allemande, utilise l'IA pour surveiller l'état de ses trains et de ses voies. Le système d'IA prédit les besoins de maintenance et programme les réparations, réduisant ainsi les temps d'arrêt et améliorant la fiabilité.
  - *Étude de cas* : Un opérateur ferroviaire utilise l'IA pour analyser les données des capteurs de voie et prédire les défaillances potentielles. Le système d'IA identifie les tronçons de voie qui ont besoin d'être entretenus, ce qui permet d'éviter les accidents et d'améliorer la sécurité.
- **Systèmes d'information des passagers** : Les systèmes alimentés par l'IA fournissent des informations en temps réel aux passagers, améliorant ainsi leur expérience de voyage.
  - *Scénario* : Un système d'information des passagers alimenté par l'IA fournit des mises à jour en temps réel sur les horaires des trains, les retards et les changements de quai. Le système aide les passagers à planifier leur voyage plus efficacement et réduit la confusion en cas de perturbations.
  - *Exemple* : Le métro de Londres utilise un système d'intelligence artificielle pour fournir des informations en temps réel sur l'arrivée des trains et les mises à jour des services. Le système améliore l'expérience des passagers en réduisant les temps d'attente et en améliorant la communication.

Études de cas et exemples

1. L'IA dans le transport maritime

- **Navires autonomes** : Les navires autonomes alimentés par l'IA utilisent des capteurs et l'apprentissage automatique pour naviguer et éviter les obstacles, améliorant ainsi la sécurité et l'efficacité.

- o *Exemple* : Rolls-Royce a mis au point une technologie de navire autonome qui utilise l'IA pour naviguer et faire fonctionner les navires sans intervention humaine. Le système d'IA analyse les données des capteurs et prend des décisions en temps réel pour garantir une navigation sûre et efficace.
- o *Scénario* : Un cargo autonome utilise l'IA pour optimiser son itinéraire, en évitant les mauvaises conditions météorologiques et les voies de navigation encombrées. Le système d'IA réduit la consommation de carburant et les temps de transit, améliorant ainsi l'efficacité opérationnelle.

- **Opérations portuaires** : L'IA améliore les opérations portuaires en optimisant la manutention des conteneurs, en réduisant la congestion et en améliorant les délais d'exécution.
    - o *Étude de cas* : Le port de Rotterdam utilise l'IA pour optimiser la manutention des conteneurs et réduire la congestion. Le système d'IA analyse les données sur les mouvements de conteneurs et prédit la demande, ce qui permet au port d'allouer les ressources de manière plus efficace.
    - o *Exemple* : Un système de gestion portuaire alimenté par l'IA optimise la programmation des navires, des grues et des camions. Le système réduit les temps d'attente et améliore l'efficacité des opérations portuaires.

2. L'IA dans les services de covoiturage

- **Tarification dynamique et prévision de la demande** : Les systèmes d'IA prédisent la demande de services de transport en commun et ajustent les prix de manière dynamique, en équilibrant l'offre et la demande.
    - o *Exemple* : Uber utilise l'IA pour prédire la demande de courses et ajuster les prix en temps réel. Le système d'IA

analyse les données relatives aux demandes de courses, aux conditions de circulation et à la disponibilité des chauffeurs pour fixer des prix qui équilibrent l'offre et la demande.

o *Scénario* : Lors d'un événement majeur, un système d'intelligence artificielle prédit une augmentation de la demande de transport et augmente les prix pour inciter davantage de chauffeurs à travailler dans la région. La tarification dynamique permet de répondre à la demande et de réduire les temps d'attente pour les passagers.

- **Optimisation des itinéraires** : L'IA optimise les itinéraires pour les services de transport en commun, réduisant ainsi les temps de trajet et améliorant le rendement énergétique.

o *Étude de cas* : Lyft utilise l'IA pour optimiser les itinéraires de ses chauffeurs, en tenant compte de facteurs tels que les conditions de circulation, les destinations des passagers et les lieux de prise en charge. Le système d'IA réduit les temps de trajet et améliore l'efficacité globale du service.

o *Exemple* : Un système d'optimisation des itinéraires alimenté par l'IA suggère les itinéraires les plus efficaces aux conducteurs de voitures de transport public, les aidant à se frayer un chemin dans le trafic et à atteindre leur destination plus rapidement.

L'IA dans les transports : Aperçus techniques

L'apprentissage automatique dans les transports

Les algorithmes d'apprentissage automatique analysent de grandes quantités de données sur le transport pour identifier des modèles, faire des prédictions et optimiser les opérations.

- **Apprentissage supervisé** : Utilisé pour des tâches telles que la prévision des conditions de circulation, l'estimation des temps de trajet et la détection des anomalies.

- o *Exemple* : Un système d'intelligence artificielle est formé à partir de données historiques sur le trafic afin de prédire les conditions de circulation futures. Le système aide les conducteurs et les responsables de la circulation à prendre des décisions éclairées pour éviter les embouteillages.
- **Apprentissage non supervisé** : Aide à découvrir des modèles cachés dans les données de transport, comme l'identification des itinéraires optimaux et la détection des besoins de maintenance.
  - o *Scénario* : Un système d'IA utilise l'apprentissage non supervisé pour identifier des modèles dans les données des capteurs des véhicules, afin de prédire quand la maintenance est nécessaire pour éviter les pannes.
- **Apprentissage par renforcement** : Appliqué dans les véhicules autonomes et les systèmes de gestion du trafic pour optimiser les performances sur la base d'un retour d'information en temps réel.
  - o *Étude de cas* : Un système d'IA utilise l'apprentissage par renforcement pour optimiser les horaires des feux de circulation, réduisant ainsi les embouteillages et améliorant la fluidité du trafic dans une zone urbaine très fréquentée.

Traitement du langage naturel (NLP) dans les transports

Le NLP permet aux systèmes d'intelligence artificielle de comprendre et de traiter le langage humain, améliorant ainsi la communication et la diffusion de l'information.

- **Assistants vocaux** : Les systèmes NLP installés dans les véhicules permettent de contrôler et d'obtenir des informations en mains libres, améliorant ainsi la sécurité et la commodité.
  - o *Exemple* : Un assistant vocal doté d'IA dans une voiture aide les conducteurs à naviguer, à contrôler les systèmes de divertissement et à passer des appels téléphoniques sans lâcher le volant.

- **Service à la clientèle** : Les chatbots d'IA utilisent le NLP pour aider les passagers à faire des réservations, à poser des questions et à obtenir de l'aide, ce qui améliore l'expérience client.
  - o *Scénario* : Une compagnie aérienne utilise un chatbot d'IA pour traiter les demandes des clients, telles que les réservations de vols, les annulations et les changements d'itinéraires. Le chatbot fournit des réponses rapides et précises, réduisant les temps d'attente et améliorant la satisfaction des clients.

Défis et limites

Malgré son potentiel, l'IA dans les transports est confrontée à plusieurs défis :

- **Préoccupations en matière de réglementation et de sécurité** : Il est essentiel de garantir la sécurité et la fiabilité des systèmes d'IA dans les transports, ce qui nécessite des tests rigoureux et une approbation réglementaire.
  - o *Scénario* : Un fabricant de véhicules autonomes effectue des tests approfondis et collabore avec les autorités de réglementation pour s'assurer que ses véhicules répondent aux normes de sécurité et peuvent circuler sur les voies publiques.
- **Confidentialité et sécurité des données** : Il est essentiel de protéger les grandes quantités de données générées par les systèmes de transport alimentés par l'IA afin d'éviter les violations et les utilisations abusives.
  - o *Étude de cas* : Une société de covoiturage met en œuvre un cryptage des données et des contrôles d'accès robustes pour protéger les informations des passagers et garantir la conformité avec les réglementations en matière de confidentialité des données.
- **Intégration à l'infrastructure existante** : L'intégration des systèmes d'IA dans les infrastructures de transport existantes peut s'avérer complexe et coûteuse.

- *Exemple* : Une ville investit dans la modernisation de son système de gestion du trafic afin d'intégrer la prédiction du trafic et l'optimisation de la signalisation par l'IA, améliorant ainsi l'efficacité globale du trafic.
- **Acceptation du public** : Pour que les systèmes de transport alimentés par l'IA soient largement adoptés, il est essentiel que le public leur fasse confiance et les accepte.
  - *Scénario* : Une entreprise de véhicules autonomes lance une campagne de sensibilisation du public pour informer les gens des avantages et de la sécurité des voitures autonomes, en répondant aux inquiétudes et en instaurant la confiance.

Tendances futures de l'IA dans les transports

Alors que la technologie de l'IA continue d'évoluer, plusieurs tendances devraient façonner l'avenir des transports :

- **Véhicules électriques et autonomes** : La combinaison de l'IA et des véhicules électriques conduira à des solutions de transport plus durables et plus efficaces.
  - *Exemple* : Un service de navettes électriques autonomes alimenté par l'IA fonctionne dans les zones urbaines, réduisant les émissions et offrant des options de transport pratiques aux résidents.
- **Écosystèmes de transport intelligents** : L'IA permettra d'intégrer les différents modes de transport dans des écosystèmes transparents et efficaces.
  - *Étude de cas* : Une ville intelligente met en œuvre un écosystème de transport alimenté par l'IA qui intègre les transports en commun, le covoiturage, le vélopartage et les navettes autonomes. Le système optimise les itinéraires et les horaires, améliorant ainsi la mobilité des habitants.
- **Hyperloop et train à grande vitesse** : L'IA jouera un rôle crucial dans le développement et l'exploitation de technologies de

transport avancées telles que l'Hyperloop et le train à grande vitesse.

- o *Scénario* : Un système d'IA gère les opérations d'un réseau ferroviaire à grande vitesse, en optimisant les horaires, la maintenance et les services aux passagers afin de garantir la sécurité et l'efficacité.
- **Logistique améliorée par l'IA** : L'IA optimisera la logistique et les opérations de la chaîne d'approvisionnement, améliorant ainsi l'efficacité du transport des marchandises.
  - o *Exemple* : Une entreprise de logistique utilise l'IA pour optimiser les opérations d'entreposage, la planification des itinéraires et les horaires de livraison, afin de réduire les coûts et d'améliorer les délais de livraison.

Conclusion

L'IA transforme l'industrie du transport en améliorant l'efficacité, la sécurité et la durabilité des différents modes de transport. Des voitures et véhicules autonomes à la gestion du trafic et à l'optimisation des itinéraires, les technologies alimentées par l'IA révolutionnent la façon dont nous déplaçons les personnes et les marchandises. À mesure que la technologie de l'IA continue de progresser, son potentiel de transformation des transports ne fera que croître, offrant des possibilités passionnantes pour l'avenir de la mobilité.

L'IA dans le secteur du divertissement

Introduction

L'intelligence artificielle (IA) transforme l'industrie du divertissement en améliorant la création, la distribution et la consommation de contenu. Des recommandations personnalisées à la génération de contenu, en passant par les jeux et les expériences interactives, l'IA révolutionne notre façon de vivre le divertissement. Cette section explore les différentes applications de l'IA dans le domaine du divertissement, en fournissant des exemples détaillés, des études de cas et un aperçu des avantages et des défis.

L'IA dans les jeux

L'IA révolutionne l'industrie du jeu en créant des expériences plus immersives et dynamiques pour les joueurs.

- **Personnages non joueurs (PNJ)** : Les PNJ dotés d'une IA affichent des comportements réalistes et s'adaptent aux actions des joueurs, ce qui rend le jeu plus attrayant et plus stimulant.
    - *Exemple* : Dans le jeu "The Elder Scrolls V : Skyrim", les PNJ pilotés par l'IA interagissent avec les joueurs de manière dynamique, en réagissant à leurs actions et en rendant le monde du jeu plus vivant.
    - *Étude de cas* : Rockstar Games utilise l'IA pour créer des PNJ réalistes dans "Red Dead Redemption 2". Les PNJ présentent des comportements complexes, tels que le travail, la socialisation et la réaction aux actions du joueur, ce qui améliore le réalisme du jeu.
- **Génération de contenu procédural** : Les algorithmes d'IA génèrent du contenu de jeu, tel que des niveaux, des cartes et des scénarios, offrant aux joueurs des expériences uniques et variées.

- o *Scénario* : Un système d'IA génère de nouveaux niveaux pour un jeu de plateforme, en veillant à ce que chaque partie offre de nouveaux défis et environnements.
- o *Exemple* : "No Man's Sky utilise l'IA pour générer un vaste univers procédural avec des milliards de planètes, chacune avec des paysages, une flore et une faune uniques. Cette approche permet une exploration et une découverte sans fin.
- **Difficulté adaptative** : L'IA ajuste la difficulté des jeux en fonction du niveau de compétence du joueur, garantissant ainsi une expérience équilibrée et agréable.
  - o *Étude de cas* : Dans "Left 4 Dead", l'IA ajuste le nombre et la force des ennemis en fonction des performances du joueur, ce qui permet de maintenir une expérience de jeu stimulante mais gérable.
  - o *Exemple* : Un système d'IA dans un jeu de course adapte le comportement de conduite des adversaires de l'IA en fonction du niveau de compétence du joueur, offrant ainsi une expérience équitable et compétitive.

L'IA dans la recommandation de contenu

L'IA améliore les systèmes de recommandation de contenu, aidant les utilisateurs à découvrir de nouveaux morceaux de musique, films, émissions de télévision et autres formes de divertissement.

- **Recommandation musicale** : L'IA analyse les habitudes d'écoute et les préférences des utilisateurs pour leur suggérer des chansons et des artistes qu'ils pourraient apprécier.
  - o *Exemple* : Spotify utilise l'IA pour créer des listes de lecture personnalisées, telles que Discover Weekly et Release Radar, en fonction de l'historique d'écoute et des préférences des utilisateurs.
  - o *Scénario* : Un utilisateur découvre un nouvel artiste favori grâce à une liste de lecture personnalisée générée par un

système de recommandation basé sur l'intelligence artificielle.

- **Recommandations de films et d'émissions de télévision** : L'IA recommande des films et des émissions de télévision en fonction de l'historique de visionnage et des préférences des utilisateurs.
  - ○ *Étude de cas* : Netflix utilise l'IA pour analyser les habitudes et les préférences des téléspectateurs et leur fournir des recommandations personnalisées qui les incitent à rester engagés.
  - ○ *Exemple* : Un utilisateur trouve une nouvelle série télévisée à regarder en boucle grâce aux recommandations d'un système d'intelligence artificielle qui analyse son historique de visionnage et ses préférences.
- **Diffusion de contenu personnalisé** : L'IA adapte la diffusion du contenu en fonction des préférences et du comportement des utilisateurs, ce qui garantit une expérience plus attrayante.
  - ○ *Scénario* : Un service de streaming alimenté par l'IA adapte son interface et ses suggestions de contenu en fonction des habitudes de visionnage et des préférences de l'utilisateur, ce qui facilite la découverte de nouveaux contenus.
  - ○ *Exemple* : YouTube utilise l'IA pour recommander des vidéos aux utilisateurs en fonction de leur historique de visionnage, de leurs requêtes de recherche et de leurs interactions, ce qui améliore l'engagement et la fidélisation des utilisateurs.

L'IA dans la création de contenu

L'IA transforme la création de contenu en aidant les artistes, les écrivains et les cinéastes à produire des œuvres nouvelles et innovantes.

- **L'IA dans la composition musicale** : Les systèmes d'IA composent de la musique originale et assistent les musiciens dans le processus de création.

- o *Exemple* : MuseNet d'OpenAI utilise l'IA pour composer de la musique dans différents styles, du classique au jazz. Les musiciens peuvent utiliser MuseNet pour trouver des idées et de l'inspiration pour leurs compositions.
- o *Étude de cas* : Un musicien collabore avec un système d'IA pour créer un nouvel album, en utilisant des mélodies et des harmonies générées par l'IA comme base de leurs chansons.
- **L'IA dans les arts visuels** : Les algorithmes d'IA créent des œuvres d'art visuel, offrant aux artistes de nouveaux outils et de nouvelles sources d'inspiration.
  - o *Scénario* : Un artiste utilise un outil alimenté par l'IA pour générer des peintures abstraites sur la base de ses données et de ses préférences, explorant ainsi de nouvelles directions créatives.
  - o *Exemple* : DeepArt utilise l'IA pour transformer des photos en œuvres d'art dans le style d'artistes célèbres, ce qui permet aux utilisateurs de créer des images uniques et visuellement étonnantes.
- **L'IA dans l'écriture** : L'IA aide les rédacteurs à produire du contenu, qu'il s'agisse d'articles, de récits, de scénarios ou de poèmes.
  - o *Étude de cas* : Un auteur utilise l'IA pour générer des idées d'intrigues et des profils de personnages pour son roman, améliorant ainsi son processus créatif.
  - o *Exemple* : GPT-3, un modèle linguistique d'IA, aide les écrivains à produire des articles, des récits et d'autres contenus écrits, en leur donnant de l'inspiration et en réduisant le syndrome de la page blanche.

L'IA dans le cinéma et l'animation

L'IA révolutionne la production de films et d'animations en automatisant les tâches et en améliorant la créativité.

- **Montage automatisé** : Les systèmes d'IA aident au montage des films en analysant les séquences et en prenant des décisions de montage, réduisant ainsi le temps et les efforts nécessaires.
  - *Exemple* : Adobe Sensei, l'outil de montage d'Adobe alimenté par l'IA, aide les cinéastes en automatisant des tâches telles que la correction des couleurs, la détection des scènes et la sélection des plans.
  - *Scénario* : Un cinéaste utilise un outil de montage IA pour assembler rapidement une première version de son film, ce qui lui permet de se concentrer sur l'amélioration du produit final.
- **Effets spéciaux et animation** : L'IA améliore les effets spéciaux et l'animation en automatisant les processus et en créant des images plus réalistes.
  - *Étude de cas* : Weta Digital utilise l'IA pour créer des animations et des effets spéciaux réalistes pour des films à succès tels que "Le Seigneur des Anneaux" et "Avatar". Les systèmes d'IA analysent les données de capture de mouvement et génèrent des animations réalistes.
  - *Exemple* : Un studio d'animation utilise l'IA pour générer des animations d'arrière-plan et des effets spéciaux, ce qui permet de réduire les délais et les coûts de production tout en conservant des images de haute qualité.
- **Analyse et développement de scénarios** : Les systèmes d'IA analysent les scénarios et fournissent des informations sur la structure de l'intrigue, le développement des personnages et le rythme, afin d'aider les scénaristes et les réalisateurs.
  - *Scénario* : Un scénariste utilise un outil d'IA pour analyser son scénario et recevoir des commentaires sur les arcs de personnages et les dialogues, ce qui l'aide à affiner son histoire.
  - *Exemple* : ScriptBook utilise l'IA pour analyser les scénarios de films et prédire leurs performances au box-office, fournissant ainsi aux cinéastes des informations précieuses pendant le processus de développement.

L'IA dans les expériences interactives et immersives

L'IA améliore les expériences interactives et immersives, telles que la réalité virtuelle (RV) et la réalité augmentée (RA), en créant des environnements plus attrayants et plus réactifs.

- **Réalité virtuelle (RV)** : Les systèmes de RV alimentés par l'IA créent des environnements immersifs qui réagissent aux actions et aux préférences des utilisateurs.
  - *Exemple* : Un jeu VR piloté par l'IA adapte son scénario et son environnement en fonction des choix du joueur, offrant ainsi une expérience unique et personnalisée.
  - *Étude de cas* : Une plateforme éducative de RV utilise l'IA pour créer des expériences d'apprentissage interactives qui s'adaptent aux progrès de l'utilisateur et à son style d'apprentissage, améliorant ainsi l'engagement et la rétention.
- **Réalité augmentée (RA)** : L'IA améliore les applications de réalité augmentée en permettant la reconnaissance, le suivi et l'interaction des objets en temps réel.
  - *Scénario* : Une application de RA utilise l'IA pour reconnaître des objets dans le monde réel et fournir des informations pertinentes ou un contenu interactif, comme des visites virtuelles ou des expériences éducatives.
  - *Exemple* : Pokémon GO utilise l'IA pour améliorer l'expérience de jeu, en reconnaissant des lieux et des objets du monde réel pour créer des défis interactifs et des récompenses pour les joueurs.
- **Récit interactif** : L'IA permet des expériences narratives interactives, où les utilisateurs influencent le récit par leurs choix et leurs actions.
  - *Étude de cas* : Un film interactif piloté par l'IA permet aux spectateurs de prendre des décisions pour les personnages, influençant ainsi le scénario et la fin. Le système d'IA adapte la narration en fonction des choix du spectateur, créant ainsi une expérience personnalisée.

- o *Exemple* : Un jeu de fiction interactif utilise l'IA pour générer des scénarios et des dialogues dynamiques, permettant aux joueurs de façonner le récit par leurs actions et leurs décisions.

Études de cas et exemples

1. L'IA dans la production musicale

- **Musique générée par l'IA** : Les systèmes d'IA composent et produisent de la musique, aidant les artistes dans le processus de création.
  - o *Exemple* : Amper Music utilise l'IA pour composer des morceaux de musique originaux en fonction des données fournies par l'utilisateur, telles que l'humeur, le genre et l'instrumentation. Les musiciens et les créateurs de contenu utilisent Amper Music pour créer des musiques d'ambiance et des bandes sonores pour leurs projets.
  - o *Scénario* : Un cinéaste utilise une musique générée par l'IA comme fond sonore de son court métrage, ce qui renforce l'impact émotionnel des scènes.
- **Personnalisation de la musique** : Les systèmes d'IA personnalisent les recommandations musicales et les listes de lecture, améliorant ainsi l'expérience d'écoute.
  - o *Étude de cas* : Pandora utilise l'IA pour analyser les habitudes d'écoute et les préférences des utilisateurs, créant ainsi des stations de radio et des listes de lecture personnalisées qui répondent à leurs goûts.
  - o *Exemple* : Un service de streaming musical utilise l'IA pour recommander de nouveaux artistes et de nouvelles chansons en fonction de l'historique d'écoute de l'utilisateur, l'aidant ainsi à découvrir de nouvelles musiques qu'il pourrait apprécier.

2. L'IA dans la production cinématographique

- **Réalisation assistée par l'IA** : Les systèmes d'IA assistent les cinéastes à différents stades de la production, depuis l'écriture du scénario et la prévisualisation jusqu'au montage et à la postproduction.
  - ○ *Exemple* : Un outil d'IA aide un réalisateur à visualiser les scènes et les angles de caméra avant le tournage, ce qui lui permet de planifier et d'exécuter sa vision plus efficacement.
  - ○ *Scénario* : Un studio de production utilise l'IA pour automatiser le processus d'étalonnage des couleurs, afin de garantir la cohérence et de gagner du temps lors de la post-production.
- **Curation et distribution de contenu** : L'IA améliore la curation et la distribution de contenu en analysant les préférences et les tendances du public.
  - ○ *Étude de cas* : Un système d'IA aide une plateforme de diffusion en continu à gérer sa bibliothèque de contenus, en recommandant des films et des émissions de télévision aux utilisateurs en fonction de leurs habitudes et de leurs préférences.
  - ○ *Exemple* : Un distributeur de films utilise l'IA pour identifier les meilleures dates de sortie et les meilleures stratégies de marketing pour un nouveau film, afin d'en maximiser la portée et l'impact.

L'IA dans le divertissement : Perspectives techniques

L'apprentissage automatique dans le secteur du divertissement

Les algorithmes d'apprentissage automatique analysent de grandes quantités de données pour créer, recommander et personnaliser le contenu.

- **Apprentissage supervisé** : Utilisé pour des tâches telles que la recommandation de contenu et la prédiction des préférences des utilisateurs.
  - *Exemple* : Un système d'IA est formé à partir des données de l'utilisateur pour recommander des listes de lecture et des films personnalisés, améliorant ainsi l'expérience de divertissement.
- **Apprentissage non supervisé** : Permet de découvrir des modèles et des tendances dans le comportement des utilisateurs et la consommation de contenu.
  - *Scénario* : Un système d'IA utilise l'apprentissage non supervisé pour identifier les tendances émergentes dans les domaines de la musique et du cinéma, afin d'aider les créateurs de contenu à garder une longueur d'avance.
- **Apprentissage par renforcement** : Appliqué aux systèmes interactifs et adaptatifs, tels que les jeux et la réalité virtuelle.
  - *Étude de cas* : Un jeu piloté par l'IA utilise l'apprentissage par renforcement pour adapter sa difficulté et son scénario en fonction des actions du joueur, offrant ainsi une expérience personnalisée.

Traitement du langage naturel (NLP) dans le secteur du divertissement

Le NLP permet aux systèmes d'IA de comprendre et de générer du langage humain, améliorant ainsi la création de contenu et l'interaction.

- **Génération de contenu** : Les systèmes NLP génèrent des textes pour les scénarios, les histoires et les dialogues, aidant ainsi les écrivains et les créateurs.
  - *Exemple* : Un outil d'IA génère des dialogues pour un jeu vidéo, créant des conversations réalistes et engageantes entre les personnages.
- **Analyse des sentiments** : Le NLP analyse les commentaires et les évaluations des utilisateurs pour comprendre les réactions et les préférences du public.

o *Scénario* : Une plateforme de diffusion en continu utilise l'analyse des sentiments pour évaluer les réactions du public aux nouvelles sorties, afin d'éclairer les décisions futures en matière de contenu.

Défis et limites

Malgré son potentiel, l'IA dans le domaine du divertissement est confrontée à plusieurs défis :

- **Créativité et originalité** : S'assurer que le contenu généré par l'IA est créatif et original peut s'avérer difficile.
  - o *Scénario* : Un producteur de musique collabore avec un compositeur d'IA pour créer un son unique, en veillant à ce que le produit final soit à la fois innovant et attrayant.
- **Considérations éthiques** : Il est essentiel d'aborder les questions éthiques, telles que la confidentialité des données et le risque de partialité dans les recommandations de contenu.
  - o *Étude de cas* : Un service de streaming met en œuvre des politiques strictes en matière de confidentialité des données et vérifie ses algorithmes d'IA pour garantir l'équité et la transparence des recommandations de contenu.
- **Intégration aux flux de travail existants** : L'intégration des systèmes d'IA aux flux de travail traditionnels de création et de production de contenu peut s'avérer complexe.
  - o *Exemple* : Un studio de cinéma adopte des outils d'IA pour rationaliser le montage et les effets spéciaux, et forme son personnel à l'utilisation efficace de la nouvelle technologie.
- **Coût et accessibilité** : Le coût du développement et de la mise en œuvre des systèmes d'IA peut être élevé, ce qui limite l'accessibilité pour les petits créateurs et studios.
  - o *Scénario* : Un réalisateur indépendant explore des outils d'IA abordables pour améliorer la qualité de sa production, en trouvant des solutions créatives pour intégrer l'IA dans le cadre de son budget.

Tendances futures de l'IA dans le secteur du divertissement

Alors que la technologie de l'IA continue d'évoluer, plusieurs tendances devraient façonner l'avenir du divertissement :

- **Contenu hyperpersonnalisé** : L'IA fournira des recommandations et des expériences de contenu encore plus personnalisées, adaptées aux préférences et aux comportements individuels.
  - *Exemple* : Un service de diffusion en continu utilise l'IA pour créer des programmes de visionnage personnalisés et des suggestions de contenu, afin que les utilisateurs aient toujours quelque chose à regarder qui leur plaise.
- **Expériences interactives et immersives** : L'IA améliorera les expériences interactives et immersives, telles que la RV et la RA, en offrant des environnements plus attrayants et plus réactifs.
  - *Étude de cas* : Une plateforme de RV alimentée par l'IA crée des expériences éducatives personnalisées, en adaptant le contenu en fonction des progrès et des intérêts de l'utilisateur.
- **Création de contenu pilotée par l'IA** : L'IA jouera un rôle plus important dans la création de contenu, en aidant les artistes, les écrivains et les cinéastes à produire des œuvres nouvelles et innovantes.
  - *Scénario* : Un artiste utilise l'IA pour explorer de nouveaux styles et techniques créatifs, repoussant ainsi les limites de son art.
- **IA éthique** et responsable : le secteur mettra davantage l'accent sur l'IA éthique et responsable, en veillant à ce que les systèmes d'IA soient équitables, transparents et respectent la vie privée des utilisateurs.
  - *Exemple* : Un service de streaming musical adopte des pratiques éthiques en matière d'IA, en veillant à ce que ses algorithmes de recommandation soient impartiaux et que les données de ses utilisateurs soient protégées.

Conclusion

L'IA transforme l'industrie du divertissement en améliorant la création, la distribution et la consommation de contenu. Qu'il s'agisse de jeux, de recommandations de contenu, de production cinématographique ou d'expériences interactives, les technologies alimentées par l'IA révolutionnent notre façon de vivre le divertissement. À mesure que la technologie de l'IA progresse, son potentiel de transformation de l'industrie du divertissement ne fera que croître, offrant des possibilités passionnantes pour l'avenir du divertissement.

L'IA dans les achats et la vente au détail

Introduction

L'intelligence artificielle (IA) révolutionne le secteur des achats et de la vente au détail en améliorant l'expérience des clients, en optimisant les chaînes d'approvisionnement et en personnalisant les stratégies de marketing. Des recommandations d'achat personnalisées au service client automatisé, en passant par la gestion des stocks et l'analyse prédictive, les technologies de l'IA transforment la manière dont les détaillants opèrent et s'engagent auprès de leurs clients. Cette section explore les différentes applications de l'IA dans le secteur du commerce et de la vente au détail, en fournissant des exemples détaillés, des études de cas et un aperçu des avantages et des défis.

Expériences d'achat personnalisées

L'IA améliore les expériences d'achat personnalisées en analysant les données et les préférences des clients afin de leur fournir des recommandations et des offres sur mesure.

- **Moteurs de recommandation** : Les moteurs de recommandation alimentés par l'IA analysent le comportement des clients, leur historique d'achat et leurs préférences pour suggérer des produits susceptibles de les intéresser.
    - *Exemple* : Le moteur de recommandation d'Amazon utilise l'intelligence artificielle pour suggérer des produits en fonction de l'historique de navigation et d'achat des clients. Le système analyse les données de millions d'utilisateurs pour fournir des recommandations personnalisées, augmentant ainsi les ventes et la satisfaction des clients.
    - *Étude de cas* : Un détaillant de mode met en œuvre un moteur de recommandation d'IA qui analyse les habitudes de navigation et l'historique d'achat des clients. Le système

d'IA suggère des tenues et des accessoires qui correspondent à leur style, ce qui se traduit par une augmentation de l'engagement et des ventes.

- **Offres personnalisées** : Les systèmes d'IA analysent les données des clients pour créer des offres et des réductions personnalisées, ce qui renforce la fidélité des clients et stimule les ventes.
  - o *Scénario* : Un magasin d'alimentation utilise l'IA pour analyser l'historique d'achat et les préférences des clients et leur envoyer des offres personnalisées et des réductions sur les produits qu'ils achètent fréquemment. Cette approche ciblée permet d'accroître la satisfaction des clients et de les inciter à renouveler leurs achats.
  - o *Exemple* : Un détaillant en ligne utilise l'IA pour créer des campagnes d'e-mailing personnalisées avec des recommandations de produits et des offres exclusives basées sur l'historique de navigation et d'achat des clients.

Service client automatisé

Les systèmes de service à la clientèle alimentés par l'IA fournissent un soutien et une assistance instantanés, améliorant l'expérience du client et réduisant la charge de travail des agents humains.

- **Chatbots** : Les chatbots d'IA traitent les demandes des clients, fournissent des informations sur les produits et aident au suivi des commandes, offrant une assistance 24 heures sur 24 et 7 jours sur 7.
  - o *Exemple* : H&M utilise des chatbots d'IA pour aider les clients à obtenir des informations sur les produits, les tailles et le suivi des commandes. Les chatbots fournissent des réponses instantanées, ce qui améliore la satisfaction des clients et réduit la charge de travail des agents humains.
  - o *Étude de cas* : Un détaillant de produits de beauté met en œuvre un chatbot d'IA pour traiter les demandes de service à la clientèle. Le chatbot répond aux questions

courantes, fournit des recommandations sur les produits et aide à effectuer les retours, libérant ainsi des agents humains pour traiter des questions plus complexes.

- **Assistants virtuels** : Les assistants virtuels d'IA aident les clients à naviguer sur les sites web, à trouver des produits et à effectuer des achats.
    - *Scénario* : Un site web de commerce électronique utilise un assistant virtuel IA pour guider les clients tout au long du processus d'achat. L'assistant virtuel répond aux questions, suggère des produits et aide les clients à terminer leurs achats.
    - *Exemple* : L'assistant virtuel de Sephora aide les clients à trouver des produits en fonction de leurs préférences et de leurs besoins, en leur proposant des recommandations personnalisées et des conseils de beauté.

Gestion des stocks et optimisation de la chaîne d'approvisionnement

L'IA optimise la gestion des stocks et les opérations de la chaîne d'approvisionnement, réduisant les coûts et améliorant l'efficacité.

- **Prévision de la demande** : Les systèmes d'IA analysent les données historiques des ventes, les tendances du marché et d'autres facteurs pour prédire la demande future, aidant ainsi les détaillants à maintenir des niveaux de stocks optimaux.
    - *Étude de cas* : Walmart utilise l'IA pour prévoir la demande de ses produits. Le système d'IA analyse des données provenant de diverses sources, notamment l'historique des ventes et les conditions météorologiques, afin de prévoir la demande et d'optimiser les niveaux de stock, réduisant ainsi les ruptures de stock et les surstocks.
    - *Exemple* : Un système de prévision de la demande alimenté par l'IA aide un détaillant de mode à prédire les styles et les tailles qui seront populaires au cours de la saison à venir, garantissant ainsi que les bons produits sont disponibles dans les bonnes quantités.

- **Optimisation des stocks** : Les systèmes d'IA gèrent les niveaux d'inventaire, en veillant à ce que les produits soient stockés de manière appropriée et en réduisant le gaspillage.
  - o *Scénario* : Une épicerie utilise l'IA pour surveiller les niveaux de stock et prévoir quand les produits devront être réapprovisionnés. Le système d'IA passe automatiquement des commandes auprès des fournisseurs, ce qui garantit que les rayons sont toujours approvisionnés en produits frais.
  - o *Exemple* : Zara utilise l'IA pour optimiser la gestion de ses stocks, en analysant les données relatives aux ventes et les préférences des clients afin de s'assurer que les produits les plus populaires sont disponibles tout en minimisant les stocks excédentaires.
- **Gestion de la chaîne d'approvisionnement** : L'IA améliore les opérations de la chaîne d'approvisionnement en optimisant les itinéraires, en prévoyant les retards et en améliorant la logistique.
  - o *Étude de cas* : Amazon utilise l'IA pour optimiser les opérations de sa chaîne d'approvisionnement, de la gestion des entrepôts à la livraison du dernier kilomètre. Le système d'IA analyse les données relatives aux volumes de commandes, aux conditions de circulation et aux contraintes de livraison afin d'améliorer l'efficacité et de réduire les coûts.
  - o *Exemple* : Une plateforme logistique alimentée par l'IA aide un détaillant à optimiser ses itinéraires de livraison, réduisant ainsi la consommation de carburant et les délais de livraison tout en améliorant la satisfaction des clients.

L'IA dans le marketing et la vente

L'IA transforme les stratégies de marketing et de vente en personnalisant les campagnes, en optimisant la tarification et en renforçant l'engagement des clients.

- **Campagnes de marketing ciblées** : L'IA analyse les données clients pour créer des campagnes marketing ciblées, augmentant ainsi les taux d'engagement et de conversion.
  - *Exemple* : Netflix utilise l'IA pour analyser les préférences et le comportement des téléspectateurs, créant ainsi des campagnes de marketing personnalisées qui font la promotion d'émissions et de films adaptés aux goûts de chacun.
  - *Scénario* : Un détaillant de mode utilise l'IA pour analyser les données clients et créer des campagnes d'e-mailing ciblées qui promeuvent les nouveaux arrivages et les offres exclusives auprès de segments de clientèle spécifiques.
- **Tarification dynamique** : Les systèmes d'IA ajustent les prix en temps réel en fonction de facteurs tels que la demande, la concurrence et les niveaux de stocks, optimisant ainsi les ventes et la rentabilité.
  - *Étude de cas* : Uber utilise l'IA pour une tarification dynamique, ajustant les tarifs en fonction de facteurs tels que la demande, les conditions de circulation et la météo. Le système d'IA veille à ce que les prix reflètent les conditions actuelles du marché, en équilibrant l'offre et la demande.
  - *Exemple* : Un détaillant en ligne utilise l'IA pour mettre en place une tarification dynamique de ses produits, en ajustant les prix en fonction de la demande et de la concurrence afin de maximiser les ventes et la rentabilité.
- **Segmentation des clients** : Les systèmes d'IA segmentent les clients en fonction de leur comportement et de leurs préférences, ce qui permet de personnaliser davantage les efforts de marketing.
  - *Scénario* : Un détaillant de produits de beauté utilise l'IA pour segmenter ses clients en fonction de leur historique d'achat et de leurs préférences, afin de créer des campagnes de marketing personnalisées qui font la promotion de produits et d'offres pertinents.

      o *Exemple* : Un système de gestion de la relation client alimenté par l'IA aide un détaillant à segmenter sa base de clients, en identifiant les clients à forte valeur ajoutée et en les ciblant avec des offres personnalisées et des programmes de fidélité.

Exemples et études de cas

1. L'IA dans le commerce de détail de la mode

- **Stylisme personnalisé** : Les systèmes d'IA fournissent des recommandations stylistiques personnalisées, aidant les clients à trouver des tenues qui correspondent à leurs préférences et à leur morphologie.
  - *Exemple* : Stitch Fix utilise l'IA pour analyser les préférences et les mensurations de ses clients, afin de leur fournir des recommandations stylistiques personnalisées et de leur livrer des tenues sélectionnées à leur domicile.
  - *Étude de cas* : Un détaillant de mode met en place un assistant stylistique IA qui suggère des tenues en fonction des préférences des clients et de leurs achats antérieurs. Le système d'IA augmente la satisfaction des clients et stimule les ventes en fournissant des recommandations personnalisées.
- **Salles d'essayage virtuelles** : Les cabines d'essayage virtuelles alimentées par l'IA permettent aux clients d'essayer virtuellement des vêtements, améliorant ainsi l'expérience d'achat en ligne.
  - *Scénario* : Un détaillant en ligne utilise l'IA pour créer une cabine d'essayage virtuelle où les clients peuvent télécharger leurs photos et essayer virtuellement des vêtements. Le système d'IA analyse la forme du corps et la taille du client afin de lui fournir des recommandations précises en matière d'essayage.
  - *Exemple* : Zara utilise une cabine d'essayage virtuelle alimentée par l'IA qui permet aux clients de voir comment

les vêtements leur iront avant de les acheter, ce qui réduit les retours et améliore l'expérience d'achat.

2. L'IA dans la grande distribution

- **Caisse automatisée** : Les systèmes de caisse automatisés alimentés par l'IA rationalisent le processus d'achat, réduisent les temps d'attente et améliorent la satisfaction des clients.
  - *Exemple* : Les magasins Amazon Go utilisent l'IA pour permettre des achats sans caissier. Les clients peuvent entrer dans le magasin, prendre les articles qu'ils souhaitent et repartir sans avoir à passer par une caisse traditionnelle. Le système d'IA suit les articles qu'ils prennent et débite automatiquement leur compte.
  - *Étude de cas* : Un magasin d'alimentation met en place un système de caisse automatisé alimenté par l'IA qui utilise la vision par ordinateur et des capteurs pour suivre les achats des clients et rationaliser le processus de caisse. Le système réduit les temps d'attente et améliore l'expérience d'achat.
- **Recommandations de produits** : Les systèmes d'IA fournissent des recommandations de produits personnalisées basées sur l'historique des achats et les préférences des clients.
  - *Scénario* : Un magasin d'alimentation utilise l'IA pour analyser l'historique des achats des clients et leur suggérer des produits complémentaires, tels que des recettes et des kits de repas, qui correspondent à leurs préférences et à leurs restrictions alimentaires.
  - *Exemple* : Instacart utilise l'IA pour recommander des produits aux clients en fonction de leurs commandes précédentes et de leurs préférences, améliorant ainsi l'expérience de l'épicerie en ligne.

L'IA dans les achats et la vente au détail : Perspectives techniques

L'apprentissage automatique dans le commerce de détail

Les algorithmes d'apprentissage automatique analysent de grandes quantités de données sur le commerce de détail pour créer des expériences personnalisées, optimiser les opérations et améliorer les stratégies de marketing.

- **Apprentissage supervisé** : Utilisé pour des tâches telles que la prédiction du comportement des clients, la recommandation de produits et la détection des fraudes.
  - *Exemple* : Un système d'IA est formé sur la base de données clients pour prédire quels produits un client est susceptible d'acheter ensuite, ce qui permet d'améliorer les recommandations personnalisées.
- **Apprentissage non supervisé** : Permet de découvrir des modèles et des tendances dans le comportement des clients et la dynamique du marché.
  - *Scénario* : Un système d'IA utilise l'apprentissage non supervisé pour identifier les segments de clientèle en fonction du comportement d'achat, aidant ainsi les détaillants à créer des campagnes de marketing ciblées.
- **Apprentissage par renforcement** : Appliqué à la tarification dynamique et à l'optimisation des stocks, où les systèmes apprennent et s'adaptent en permanence sur la base d'un retour d'information en temps réel.
  - *Étude de cas* : Un système d'IA utilise l'apprentissage par renforcement pour optimiser les niveaux de stock, en veillant à ce que les produits les plus demandés soient toujours en stock tout en minimisant les stocks excédentaires.

Traitement du langage naturel (NLP) dans le commerce de détail

Le NLP permet aux systèmes d'IA de comprendre et de traiter le langage humain, ce qui améliore le service à la clientèle et les efforts de marketing.

- **Chatbots et assistants virtuels** : Les systèmes NLP traitent les demandes des clients, fournissent des informations sur les produits et aident à l'achat.
  - *Exemple* : Un chatbot alimenté par l'IA utilise le NLP pour comprendre les demandes des clients et fournir des réponses pertinentes, améliorant ainsi la satisfaction des clients et réduisant la charge de travail des agents humains.
- **Analyse des sentiments** : Le NLP analyse les avis et les commentaires des clients afin de comprendre leur sentiment et d'identifier les points à améliorer.
  - *Scénario* : Un système d'IA utilise l'analyse des sentiments pour surveiller les médias sociaux et les avis en ligne, fournissant aux détaillants des informations sur la satisfaction des clients et les domaines à améliorer.

Défis et limites

Malgré son potentiel, l'IA dans le domaine du shopping et de la vente au détail est confrontée à plusieurs défis :

- **Confidentialité et sécurité des données** : La protection des données des clients est cruciale, car les systèmes d'IA s'appuient sur de grandes quantités d'informations personnelles.
  - *Scénario* : Un détaillant met en œuvre un cryptage avancé et des contrôles d'accès pour protéger les données de ses clients et garantir la conformité avec les réglementations en matière de confidentialité des données.

- **Intégration aux systèmes existants** : L'intégration des systèmes d'IA à l'infrastructure existante du commerce de détail peut s'avérer complexe et coûteuse.
  - *Étude de cas* : Un détaillant investit dans la mise à niveau de son infrastructure informatique pour intégrer des systèmes de gestion des stocks et de recommandation alimentés par l'IA, améliorant ainsi l'efficacité et la satisfaction des clients.
- **Considérations éthiques** : Il est essentiel d'aborder les questions éthiques, telles que les préjugés dans les algorithmes d'IA et le potentiel de discrimination.
  - *Exemple* : Un détaillant vérifie ses algorithmes d'IA pour s'assurer que les recommandations de produits et les stratégies de tarification sont justes et impartiales, ce qui permet de conserver la confiance et la fidélité des clients.
- **Coût et accessibilité** : Le coût du développement et de la mise en œuvre des systèmes d'IA peut être élevé, ce qui limite l'accessibilité pour les petits détaillants.
  - *Scénario* : Un petit détaillant explore des solutions d'IA abordables pour améliorer ses opérations et l'engagement de ses clients, en trouvant des moyens créatifs d'intégrer l'IA dans son budget.

Tendances futures de l'IA dans les achats et la vente au détail

Alors que la technologie de l'IA continue d'évoluer, plusieurs tendances devraient façonner l'avenir du shopping et de la vente au détail :

- **Achats hyperpersonnalisés** : L'IA offrira des expériences d'achat encore plus personnalisées, en adaptant les recommandations et les offres aux préférences et aux comportements individuels.
  - *Exemple* : Un détaillant en ligne utilise l'IA pour créer des expériences d'achat personnalisées qui s'adaptent aux préférences et aux habitudes d'achat des clients en temps réel.

- **Commerce de détail omnicanal** : L'IA améliorera les stratégies de vente au détail omnicanale, en offrant des expériences d'achat transparentes et intégrées sur les canaux en ligne et hors ligne.
  - *Étude de cas* : Un détaillant utilise l'IA pour intégrer ses canaux en ligne et hors ligne, offrant à ses clients une expérience d'achat transparente qui comprend des recommandations personnalisées et des programmes de fidélité unifiés.
- **Durabilité et éthique de l'IA** : le secteur mettra davantage l'accent sur la durabilité et l'éthique de l'IA, en veillant à ce que les systèmes d'IA soient respectueux de l'environnement et de la vie privée des clients.
  - *Scénario* : Un détaillant adopte des pratiques d'IA durables, utilisant l'IA pour optimiser les chaînes d'approvisionnement et réduire les déchets tout en veillant à ce que les données des clients soient protégées et utilisées de manière responsable.
- **Expériences en magasin pilotées par l'IA** : L'IA améliorera les expériences en magasin grâce à des technologies telles que la réalité augmentée (RA), la réalité virtuelle (RV) et les miroirs intelligents.
  - *Exemple* : Un magasin de vêtements utilise des miroirs intelligents alimentés par l'IA qui permettent aux clients de voir comment les vêtements leur iront sans les essayer, ce qui améliore l'expérience d'achat et réduit les taux de retour.

Conclusion

L'IA transforme le secteur du shopping et de la vente au détail en améliorant l'expérience des clients, en optimisant les opérations et en personnalisant les stratégies de marketing. Des recommandations personnalisées au service client automatisé, en passant par la gestion des stocks et l'optimisation de la chaîne d'approvisionnement, les technologies alimentées par l'IA révolutionnent la manière dont les détaillants opèrent et s'engagent avec leurs clients. À mesure que la technologie de l'IA progresse, son potentiel de transformation de l'industrie du commerce et de la vente au détail ne fera que croître, offrant des possibilités passionnantes pour l'avenir de la vente au détail.

L'IA dans la création et la gestion de contenu

Introduction

L'intelligence artificielle (IA) transforme la création et la gestion de contenu en automatisant les processus, en améliorant la créativité et en optimisant la distribution du contenu. De la rédaction à l'édition en passant par la conception graphique et la production vidéo, les outils alimentés par l'IA révolutionnent la manière dont le contenu est produit et géré. Cette section explore les différentes applications de l'IA dans la création et la gestion de contenu, en fournissant des exemples détaillés, des études de cas et un aperçu des avantages et des défis.

L'IA dans la rédaction et l'édition

Les outils d'IA révolutionnent la rédaction et l'édition en fournissant une assistance en matière de grammaire, de style et de génération de contenu.

- **Rédaction automatisée** : Les outils alimentés par l'IA peuvent générer du contenu écrit, tel que des articles, des billets de blog et des rapports, sur la base des données et des directives de l'utilisateur.
  - *Exemple* : Le GPT-3 de l'OpenAI peut générer un texte cohérent et pertinent sur le plan contextuel, aidant ainsi les rédacteurs à créer du contenu rapidement et efficacement. Les rédacteurs peuvent utiliser GPT-3 pour générer des idées, rédiger des articles et même écrire des textes complets.
  - *Étude de cas* : Une agence de marketing de contenu utilise GPT-3 pour générer des articles de blog pour ses clients. Le système d'IA produit un contenu de haute qualité qui répond aux spécifications des clients, réduisant ainsi le temps et les efforts nécessaires à la création de contenu.

- **Vérification de la grammaire et du style** : Les outils d'IA améliorent le processus de rédaction en fournissant des suggestions grammaticales et stylistiques, améliorant ainsi la qualité globale du contenu.
  - *Scénario* : Grammarly utilise l'IA pour vérifier la grammaire, la ponctuation et le style en temps réel. Les rédacteurs reçoivent instantanément des commentaires et des suggestions, ce qui les aide à produire un contenu sans erreur et soigné.
  - *Exemple* : Un étudiant utilise Grammarly pour relire ses essais et ses devoirs. L'outil d'IA identifie les erreurs grammaticales et fournit des suggestions de style, ce qui aide l'étudiant à améliorer ses compétences rédactionnelles et à obtenir de meilleures notes.
- **Résumés de contenu** : Les systèmes d'IA peuvent résumer de longs documents et articles, ce qui facilite l'assimilation de grandes quantités d'informations.
  - *Étude de cas* : Un organe de presse utilise un outil de résumé alimenté par l'IA pour créer des résumés concis de longs articles d'actualité. Les résumés sont publiés à côté des articles complets, ce qui permet aux lecteurs d'en saisir rapidement les points principaux.
  - *Exemple* : Un outil d'IA résume les articles universitaires pour les chercheurs, leur fournissant des aperçus rapides des études pertinentes et leur permettant de gagner du temps dans leur processus de recherche.

AI en graphisme

L'IA transforme la conception graphique en automatisant les tâches et en apportant une inspiration créative.

- **Automatisation de la conception** : Les outils d'IA automatisent les tâches de conception répétitives, telles que le redimensionnement des images, la génération de mises en page et la création de modèles.

- o *Exemple* : Canva utilise l'IA pour aider les utilisateurs à créer rapidement et facilement des graphiques de qualité professionnelle. Le système d'IA suggère des mises en page, des combinaisons de couleurs et des polices de caractères en fonction des données fournies par l'utilisateur, ce qui simplifie le processus de conception.
- o *Scénario* : Une équipe de marketing utilise un outil de conception alimenté par l'IA pour créer des graphiques pour les médias sociaux. Le système d'IA génère plusieurs options de conception en fonction des spécifications de l'équipe, ce qui lui permet de choisir la meilleure.

- **Assistance à la création** : Les systèmes d'IA fournissent une inspiration créative et des suggestions, aidant les concepteurs à explorer de nouvelles idées et de nouveaux styles.
  - o *Étude de cas* : Une agence de publicité utilise un outil d'IA pour générer des concepts créatifs pour les campagnes de ses clients. Le système d'IA analyse les tendances actuelles en matière de design et propose des idées innovantes, aidant l'agence à fournir un contenu frais et attrayant.
  - o *Exemple* : Un artiste utilise un outil alimenté par l'IA pour expérimenter différentes palettes de couleurs et différents styles pour ses illustrations numériques. Le système d'IA fournit des suggestions basées sur les données de l'artiste, améliorant ainsi son processus créatif.

- **Édition d'images** : AI améliore l'édition d'images en fournissant des outils avancés pour la retouche, la correction des couleurs et la suppression d'objets.
  - o *Scénario* : Les fonctions d'intelligence artificielle d'Adobe Photoshop, telles que le remplissage en fonction du contenu et les filtres neuronaux, aident les concepteurs à modifier les images avec rapidité et précision. Les outils d'IA automatisent les tâches de retouche complexes, ce qui permet de gagner du temps et d'améliorer la qualité des images finales.
  - o *Exemple* : Un photographe utilise des outils d'édition alimentés par l'IA pour améliorer ses photos, en ajustant

l'éclairage, les couleurs et en supprimant les objets indésirables. Le système d'IA rationalise le processus d'édition, ce qui permet au photographe de se concentrer sur sa vision créative.

L'IA dans la production vidéo

L'IA révolutionne la production vidéo en automatisant les tâches d'édition, en améliorant les effets visuels et en améliorant la distribution du contenu.

- **Montage vidéo automatisé** : Les outils alimentés par l'IA facilitent le montage vidéo en analysant les séquences, en sélectionnant les meilleurs plans et en créant des montages cohérents.
  - *Exemple* : Magisto utilise l'IA pour éditer automatiquement des vidéos en fonction des données fournies par l'utilisateur, telles que le thème et l'ambiance souhaités. Le système d'IA analyse les séquences, sélectionne les meilleurs clips et applique des transitions et des effets, créant ainsi des vidéos de qualité professionnelle en quelques minutes.
  - *Étude de cas* : Une petite entreprise utilise un outil de montage vidéo IA pour créer des vidéos promotionnelles pour ses produits. Le système d'IA assemble rapidement les séquences, ajoute de la musique et des légendes, ce qui permet à l'entreprise de produire des vidéos de haute qualité sans avoir recours à un monteur professionnel.
- **Effets visuels et animation** : L'IA améliore les effets visuels et l'animation en automatisant des tâches complexes et en générant des images réalistes.
  - *Scénario* : Un studio d'animation utilise l'IA pour créer des animations de personnages réalistes. Le système d'IA analyse les données de capture de mouvement et génère des mouvements réalistes, réduisant ainsi le temps et les efforts nécessaires à l'animation manuelle.

- o *Exemple* : Un réalisateur utilise des outils alimentés par l'IA pour ajouter des effets spéciaux à son film, tels que des explosions et des effets météorologiques. Le système d'IA automatise le processus, garantissant ainsi des images cohérentes et de haute qualité.
- **Distribution de contenu** : L'IA optimise la distribution du contenu en analysant les préférences du public et en recommandant les meilleures plateformes et les meilleurs moments pour la publication.
  - o *Étude de cas* : Une société de médias utilise l'IA pour analyser les données des spectateurs et recommander les meilleurs moments pour publier des vidéos sur les médias sociaux. Le système d'IA identifie les tendances et les modèles, ce qui aide l'entreprise à maximiser la portée et l'engagement.
  - o *Exemple* : Un influenceur utilise un outil d'IA pour programmer ses vidéos en fonction de l'activité de son public. Le système d'IA suggère les heures optimales de publication, ce qui augmente le nombre de vues et d'interactions.

L'IA dans la gestion de contenu

L'IA rationalise la gestion du contenu en automatisant les flux de travail, en améliorant le marquage des métadonnées et en optimisant les performances du contenu.

- **Automatisation des flux de travail** : Les systèmes d'IA automatisent les flux de travail du contenu, depuis la création et l'approbation jusqu'à la publication et l'archivage.
  - o *Exemple* : Un système de gestion de contenu (CMS) utilise l'IA pour automatiser le processus d'approbation des articles de blog. Le système d'IA achemine le contenu vers les réviseurs appropriés, assure le suivi des modifications et garantit une publication en temps voulu.

- o *Scénario* : Une équipe de marketing utilise un CMS alimenté par l'IA pour gérer son calendrier de contenu. Le système d'IA planifie les posts, suit les performances et fournit des informations sur l'efficacité du contenu.
- **Balisage des métadonnées** : L'IA améliore le balisage des métadonnées en analysant le contenu et en générant automatiquement des balises pertinentes, ce qui améliore les possibilités de recherche et l'organisation.
  - o *Étude de cas* : Un système de gestion des ressources numériques utilise l'IA pour analyser les images et les vidéos, en générant des étiquettes basées sur des éléments visuels et contextuels. Le système d'IA améliore l'organisation et la récupération des ressources numériques, ce qui permet aux équipes de trouver et d'utiliser plus facilement le contenu.
  - o *Exemple* : Un détaillant en ligne utilise l'IA pour étiqueter les images de produits avec des attributs pertinents, tels que la couleur, le style et la catégorie. Le système d'IA améliore la fonctionnalité de recherche, aidant les clients à trouver les produits plus facilement.
- **Optimisation des performances du contenu** : L'IA analyse les performances du contenu et fournit des recommandations pour améliorer l'engagement et la portée.
  - o *Scénario* : Un outil d'IA analyse les performances des articles de blog d'une entreprise, en identifiant les sujets et les formats qui trouvent le plus d'écho auprès du public. Le système d'IA fournit des informations et des suggestions pour les contenus futurs, aidant ainsi l'entreprise à améliorer sa stratégie de contenu.
  - o *Exemple* : Un responsable des médias sociaux utilise l'IA pour analyser les indicateurs d'engagement de ses posts. Le système d'IA identifie les tendances et les modèles, recommandant les meilleurs moments et formats de publication pour maximiser la portée et l'interaction.

Exemples et études de cas

1. L'IA dans le journalisme

- **Rédaction automatisée d'articles de presse** : Les systèmes d'IA génèrent des articles d'actualité sur la base de données, aidant ainsi les journalistes à couvrir davantage de sujets et à fournir des mises à jour en temps voulu.
  - *Exemple* : L'Associated Press utilise l'IA pour générer des articles d'actualité financière sur la base des rapports de résultats. Le système d'IA analyse les données et produit des articles rapidement, ce qui permet aux journalistes de se concentrer sur des reportages plus approfondis.
  - *Étude de cas* : Un organe de presse utilise un outil d'IA pour générer des résumés de matchs sportifs. Le système d'IA analyse les données des matchs et crée des résumés détaillés, ce qui permet à l'organisation de couvrir davantage d'événements et de fournir des mises à jour opportunes à ses lecteurs.
- La **curation de contenu** : L'IA améliore la curation de contenu en analysant les préférences des lecteurs et en recommandant des articles et des reportages pertinents.
  - *Scénario* : Une application d'actualités alimentée par l'IA analyse les habitudes de lecture et les préférences des utilisateurs, en créant un flux d'actualités personnalisé qui comprend des articles provenant de diverses sources.
  - *Exemple* : Flipboard utilise l'IA pour créer des magazines d'information personnalisés pour ses utilisateurs. Le système d'IA analyse les intérêts des utilisateurs et recommande des articles qui correspondent à leurs préférences, améliorant ainsi l'expérience de lecture.

2. L'IA dans l'édition

- **Aide à la rédaction de livres** : Les outils d'IA aident les auteurs à rédiger et à réviser leurs livres, en leur proposant des suggestions pour le développement de l'intrigue, la création de personnages et l'amélioration de la langue.

- o *Exemple* : Un auteur utilise un outil d'IA pour trouver des idées pour son roman. Le système d'IA suggère des rebondissements, des traits de caractère et des dialogues, ce qui aide l'auteur à surmonter le syndrome de la page blanche et à améliorer son histoire.
- o *Étude de cas* : Une maison d'édition utilise l'IA pour réviser les manuscrits, en vérifiant la grammaire, le style et la cohérence. Le système d'IA fournit un retour d'information détaillé, aidant les auteurs à améliorer leurs manuscrits avant leur publication.
- **Marketing et promotion** : L'IA optimise la commercialisation et la promotion des livres en analysant les données relatives aux lecteurs et en recommandant des campagnes ciblées.
  - o *Scénario* : Un outil d'IA analyse les données de vente et les commentaires des lecteurs afin d'identifier les meilleures stratégies de marketing pour un nouveau livre. Le système d'IA recommande des activités promotionnelles, telles que des publicités ciblées sur les médias sociaux et des campagnes d'e-mailing, pour atteindre le bon public.
  - o *Exemple* : Un auteur autoédité utilise un outil de marketing alimenté par l'IA pour promouvoir son livre. Le système d'IA analyse les données des lecteurs et propose des campagnes de marketing personnalisées, augmentant ainsi la visibilité et les ventes.

L'IA dans la création et la gestion de contenu : Perspectives techniques

L'apprentissage automatique dans la création de contenu

Les algorithmes d'apprentissage automatique analysent de grandes quantités de données pour créer, modifier et optimiser le contenu.

- **Apprentissage supervisé** : Utilisé pour des tâches telles que la vérification de la grammaire, l'analyse du style et la recommandation de contenu.
  - *Exemple* : Un système d'intelligence artificielle est formé sur un vaste ensemble d'articles pour apprendre les règles de grammaire et de style. Le système fournit des suggestions en temps réel aux rédacteurs, améliorant ainsi la qualité de leur contenu.
- **Apprentissage non supervisé** : Permet de découvrir des modèles et des tendances dans la consommation de contenu et les préférences des utilisateurs.
  - *Scénario* : Un système d'IA utilise l'apprentissage non supervisé pour analyser le comportement des lecteurs d'un site web d'actualités, en identifiant les sujets populaires et en recommandant des articles qui correspondent aux intérêts des utilisateurs.
- **Apprentissage par renforcement** : Appliqué à l'optimisation du contenu, où les systèmes apprennent et s'adaptent en permanence sur la base d'un retour d'information en temps réel.
  - *Étude de cas* : Un système d'IA utilise l'apprentissage par renforcement pour optimiser le contenu vidéo pour les médias sociaux, en ajustant la longueur, le format et le moment des posts en fonction de l'engagement des spectateurs.

Le traitement du langage naturel (NLP) dans la création de contenu

Le NLP permet aux systèmes d'IA de comprendre et de générer du langage humain, améliorant ainsi la rédaction, l'édition et la curation de contenu.

- **Génération de texte** : Les systèmes NLP génèrent des textes pour des articles, des récits et des messages sur les médias sociaux, afin d'aider les rédacteurs et les créateurs de contenu.
  - *Exemple* : Un outil d'IA génère des légendes sur les médias sociaux pour une marque, en utilisant le NLP pour créer un

contenu attrayant et pertinent qui correspond à la voix de la marque.

- **Analyse des sentiments** : Le NLP analyse les commentaires et les critiques des utilisateurs pour comprendre le sentiment du public et améliorer les stratégies de contenu.
  - *Scénario* : Un système d'IA utilise l'analyse des sentiments pour surveiller les avis en ligne sur un nouveau produit, afin d'obtenir des informations sur la satisfaction des clients et les points à améliorer.

Défis et limites

Malgré son potentiel, l'IA dans la création et la gestion de contenu est confrontée à plusieurs défis :

- **Créativité et originalité** : S'assurer que le contenu généré par l'IA est créatif et original peut s'avérer difficile.
  - *Scénario* : Un créateur de contenu collabore avec un outil d'IA pour générer des idées uniques, en veillant à ce que le contenu final soit innovant et attrayant.
- **Considérations éthiques** : Il est essentiel d'aborder les questions éthiques, telles que le plagiat et le risque de partialité dans les recommandations de contenu.
  - *Étude de cas* : Une plateforme d'édition met en œuvre des directives strictes pour s'assurer que le contenu généré par l'IA est original et exempt de plagiat, préservant ainsi l'intégrité de ses publications.
- **Intégration aux flux de travail existants** : L'intégration des systèmes d'IA aux flux de travail traditionnels de création et de gestion de contenu peut s'avérer complexe.
  - *Exemple* : Une équipe de marketing adopte des outils d'IA pour rationaliser son processus de création de contenu, en formant le personnel à l'utilisation efficace de la nouvelle technologie et en assurant une intégration transparente.

- **Coût et accessibilité** : Le coût du développement et de la mise en œuvre des systèmes d'IA peut être élevé, ce qui limite l'accessibilité pour les petits créateurs et les petites organisations.
  - *Scénario* : Une petite entreprise explore des solutions d'IA abordables pour améliorer ses processus de création et de gestion de contenu, en trouvant des moyens créatifs d'intégrer l'IA dans son budget.

Tendances futures de l'IA dans la création et la gestion de contenu

Alors que la technologie de l'IA continue d'évoluer, plusieurs tendances devraient façonner l'avenir de la création et de la gestion de contenu :

- **Contenu hyperpersonnalisé** : L'IA offrira des expériences de contenu encore plus personnalisées, en adaptant les recommandations et la fourniture de contenu aux préférences et aux comportements individuels.
  - *Exemple* : Une plateforme de contenu alimentée par l'IA utilise des algorithmes avancés pour créer des fils d'actualité personnalisés et des recommandations d'articles, en veillant à ce que les utilisateurs aient toujours accès au contenu qui correspond à leurs intérêts.
- **Créativité stimulée par l'IA** : L'IA jouera un rôle plus important dans le processus de création, en aidant les artistes, les écrivains et les concepteurs à produire des œuvres nouvelles et innovantes.
  - *Étude de cas* : Un outil d'IA aide un graphiste à explorer de nouveaux styles et techniques, repoussant ainsi les limites de sa créativité et améliorant son travail.
- **IA éthique** et responsable : le secteur mettra davantage l'accent sur l'IA éthique et responsable, en veillant à ce que les systèmes d'IA soient équitables, transparents et respectent la vie privée des utilisateurs.
  - *Scénario* : Une plateforme de contenu adopte des pratiques éthiques en matière d'IA, en veillant à ce que ses algorithmes de recommandation soient impartiaux et que les données de ses utilisateurs soient protégées.

- **Intégration transparente des outils d'IA** : Les outils d'IA s'intégreront de manière plus transparente dans les flux de travail de création et de gestion de contenu, améliorant ainsi l'efficacité et la productivité.
  - *Exemple* : Une maison d'édition utilise des outils d'édition et de gestion de contenu alimentés par l'IA qui s'intègrent parfaitement à ses flux de travail existants, rationalisant le processus de production et améliorant la qualité du contenu.

Conclusion

L'IA transforme la création et la gestion de contenu en automatisant les processus, en améliorant la créativité et en optimisant la distribution du contenu. De la rédaction à l'édition en passant par la conception graphique et la production vidéo, les outils alimentés par l'IA révolutionnent la manière dont le contenu est produit et géré. Au fur et à mesure que la technologie de l'IA progresse, son potentiel de transformation du secteur de la création et de la gestion de contenu ne fera que croître, offrant des possibilités passionnantes pour l'avenir du contenu.

L'IA dans l'art et la musique

Introduction

L'intelligence artificielle (IA) transforme les domaines de l'art et de la musique en permettant de nouvelles formes de créativité, en automatisant des processus complexes et en améliorant l'expérience globale des artistes et du public. Qu'il s'agisse de créer des œuvres d'art visuel, de composer de la musique, de créer des listes de lecture personnalisées ou d'améliorer les spectacles en direct, les technologies de l'IA sont en train de révolutionner les industries créatives. Cette section explore les diverses applications de l'IA dans l'art et la musique, en fournissant des exemples détaillés, des études de cas et un aperçu des avantages et des défis.

L'IA dans les arts visuels

L'IA révolutionne les arts visuels en fournissant aux artistes de nouveaux outils de création et d'inspiration.

- **Art généré par l'IA** : Les algorithmes d'IA créent des œuvres d'art originales, explorant de nouveaux styles et de nouvelles formes qui repoussent les limites de l'art traditionnel.
    - *Exemple* : DeepArt utilise l'IA pour transformer des photos en œuvres d'art dans le style de peintres célèbres, créant ainsi des pièces uniques et visuellement étonnantes.
    - *Étude de cas* : Un artiste collabore avec un système d'IA pour générer des peintures abstraites à partir de ses données. L'outil d'IA suggère des compositions et des palettes de couleurs, aidant l'artiste à explorer de nouvelles directions créatives.
- **Assistance à la création** : Les outils d'IA aident les artistes en leur fournissant de l'inspiration et en automatisant les tâches fastidieuses, telles que la correspondance des couleurs et la composition.

- o *Scénario* : Un outil alimenté par l'IA suggère différentes combinaisons de couleurs et de compositions pour une illustration numérique, permettant à l'artiste de se concentrer sur les aspects créatifs de son travail.
- o *Exemple* : Les fonctionnalités d'Adobe basées sur l'IA, telles que le remplissage en fonction du contenu et les filtres neuronaux, aident les artistes et les concepteurs à améliorer leurs créations rapidement et efficacement, en automatisant les tâches d'édition complexes.

- **Restauration d'œuvres d'art** : L'IA aide à la restauration d'œuvres d'art endommagées en analysant et en reconstituant les parties manquantes ou endommagées.
  - o *Étude de cas* : Un système d'IA est utilisé pour restaurer une fresque endommagée. L'IA analyse les parties restantes de l'œuvre et reconstruit les parties manquantes en préservant le style et la technique d'origine.
  - o *Exemple* : Un musée utilise l'IA pour restaurer numériquement de vieilles photographies, en supprimant les rayures et en améliorant la qualité de l'image tout en conservant l'aspect original.

AI en composition et production musicale

L'IA transforme la composition et la production musicales en aidant les musiciens, en générant de nouvelles compositions et en améliorant le processus de production.

- **Musique générée par l'IA** : Les systèmes d'IA composent de la musique originale dans différents styles et genres, offrant aux musiciens de nouvelles sources d'inspiration.
  - o *Exemple* : MuseNet d'OpenAI génère de la musique dans différents styles, du classique au jazz, aidant les musiciens à explorer de nouvelles idées et à créer des compositions uniques.
  - o *Étude de cas* : Un compositeur utilise l'IA pour générer des mélodies et des harmonies pour un nouveau morceau. Le

système d'IA fournit une base sur laquelle le compositeur s'appuie, mêlant la créativité humaine aux éléments générés par l'IA.

- **Outils de production musicale** : Les outils alimentés par l'IA contribuent à la production musicale en automatisant des tâches telles que le mixage, le mastering et la conception sonore.
  - *Scénario* : Un outil de mixage alimenté par l'IA analyse les pistes individuelles et suggère des niveaux et des effets optimaux, aidant les producteurs à obtenir un mixage final soigné.
  - *Exemple* : LANDR utilise l'IA pour masteriser les pistes, en analysant l'audio et en appliquant les ajustements appropriés pour améliorer la qualité sonore globale.
- **Listes de lecture personnalisées** : L'IA crée des listes de lecture personnalisées en fonction des habitudes d'écoute et des préférences des utilisateurs, améliorant ainsi l'expérience de découverte musicale.
  - *Étude de cas* : La liste de lecture Discover Weekly de Spotify utilise l'IA pour analyser l'historique d'écoute des utilisateurs et leur recommander de nouveaux titres correspondant à leurs goûts. La liste de lecture personnalisée aide les utilisateurs à découvrir de nouvelles musiques et de nouveaux artistes.
  - *Exemple* : Une application musicale alimentée par l'IA crée une liste de lecture quotidienne pour un utilisateur, avec des chansons qui correspondent à son humeur et à ses activités tout au long de la journée.

L'IA dans l'interprétation et l'interaction musicales

L'IA améliore la performance et l'interaction musicales en fournissant de nouveaux outils pour les spectacles en direct et en créant des expériences interactives pour le public.

- **Amélioration des performances en direct** : L'IA assiste les musiciens pendant les représentations en direct en générant des images en temps réel, en fournissant des éléments interactifs et en améliorant la qualité du son.

- Scénario : Un système d'IA génère des effets visuels en temps réel qui se synchronisent avec la musique lors d'un concert en direct, créant ainsi une expérience immersive pour le public.
- Exemple : Un outil d'IA aide un DJ à créer des transitions fluides entre les morceaux, en analysant les rythmes et les tempos afin de garantir un déroulement harmonieux de la prestation.

- **Expériences musicales interactives** : L'IA crée des expériences musicales interactives, permettant au public d'influencer la performance et d'interagir avec la musique en temps réel.
  - Étude de cas : Un groupe utilise un système d'intelligence artificielle pour permettre au public d'influencer la liste des chansons pendant un concert. L'IA analyse les réactions du public et ses préférences en matière de chansons, et ajuste la liste des morceaux pour améliorer l'engagement et le plaisir des spectateurs.
  - Exemple : Une application musicale interactive utilise l'IA pour générer des remixes personnalisés de chansons en fonction des données fournies par les utilisateurs, ce qui leur permet de créer des versions uniques de leurs morceaux préférés.

- **Musiciens virtuels** : L'IA crée des musiciens virtuels qui peuvent jouer et interagir avec des musiciens humains, explorant ainsi de nouvelles possibilités de collaboration.
  - Scénario : Un musicien virtuel piloté par l'IA se produit aux côtés d'un groupe en direct, générant des solos et des harmonies improvisés en temps réel.
  - Exemple : Un producteur de musique collabore avec un chanteur virtuel IA pour créer un nouveau morceau. L'IA génère des mélodies vocales et des paroles, apportant un élément unique et innovant à la chanson.

Études de cas et exemples

1. L'IA dans la musique de film

- **Partitions générées par l'IA** : Les systèmes d'IA composent des musiques de film, offrant aux réalisateurs et aux producteurs de nouvelles options musicales qui renforcent l'impact émotionnel de leurs films.
  - *Exemple* : Un réalisateur utilise un outil d'IA pour créer la musique d'un court métrage. Le système d'IA analyse les scènes et crée une musique qui correspond à l'ambiance et au ton, améliorant ainsi la narration.
  - *Étude de cas* : Un cinéaste indépendant collabore avec un compositeur d'IA pour créer une musique unique pour son documentaire. Le système d'IA génère des thèmes et des motifs basés sur la narration du film, qui s'intègrent parfaitement aux images.
- **Montage et synchronisation de la musique** : L'IA vous aide à éditer et à synchroniser la musique avec les scènes du film, garantissant ainsi une adaptation parfaite.
  - *Scénario* : Un outil d'IA analyse la chronologie d'un film et synchronise la musique avec les moments clés, tels que les scènes d'action et les moments d'émotion.
  - *Exemple* : Un éditeur de musique utilise l'IA pour faire correspondre le tempo et la synchronisation d'une partition préexistante avec un nouveau film, en s'assurant que la musique met en valeur la narration visuelle.

2. L'IA dans la création d'arts visuels

- **Projets artistiques en collaboration** : Les artistes collaborent avec l'IA pour créer des œuvres d'art innovantes et uniques, en explorant de nouveaux styles et de nouvelles techniques.
  - *Exemple* : Un artiste collabore avec un système d'IA pour générer des peintures abstraites à partir de ses données. L'outil d'IA suggère des compositions et des combinaisons

de couleurs, ce qui donne un mélange unique de créativité humaine et mécanique.

- o *Étude de cas* : Un artiste numérique utilise l'IA pour créer des œuvres d'art génératives qui évoluent au fil du temps. Le système d'IA génère continuellement de nouveaux motifs et de nouvelles formes, créant ainsi une œuvre d'art en constante évolution.

- **Expositions et installations** : Les installations et expositions alimentées par l'IA offrent au public des expériences artistiques interactives et immersives.
  - o *Scénario* : Un musée d'art utilise l'IA pour créer une installation interactive où les visiteurs peuvent influencer l'œuvre d'art par leurs mouvements et leurs interactions.
  - o *Exemple* : Une installation lumineuse alimentée par l'IA réagit à la présence des spectateurs, changeant de couleurs et de motifs en fonction de leurs mouvements, créant ainsi une expérience attrayante et dynamique.

L'IA dans l'art et la musique : Perspectives techniques

L'apprentissage automatique dans l'art et la musique

Les algorithmes d'apprentissage automatique analysent de grandes quantités de données pour créer, améliorer et optimiser le contenu artistique et musical.

- **Apprentissage supervisé** : Utilisé pour des tâches telles que la création de musique et d'art visuel en fonction de styles et de préférences spécifiques.
  - o *Exemple* : Un système d'IA est formé sur un ensemble de données de compositions de musique classique afin de générer de nouvelles pièces dans le même style, aidant ainsi les compositeurs à explorer de nouvelles idées.
- **Apprentissage non supervisé** : Aide à découvrir des modèles et des tendances dans les données artistiques et musicales, en fournissant des idées et de l'inspiration.

- ○ *Scénario* : Un système d'IA utilise l'apprentissage non supervisé pour analyser une vaste collection de peintures, en identifiant les thèmes et les styles communs qui inspirent de nouvelles créations.
- **Apprentissage par renforcement** : Appliqué dans les systèmes interactifs et adaptatifs, où l'IA apprend et s'adapte en permanence sur la base d'un retour d'information en temps réel.
  - ○ *Étude de cas* : Un système musical interactif alimenté par l'IA utilise l'apprentissage par renforcement pour adapter sa performance en fonction des réactions du public, créant ainsi une expérience dynamique et attrayante.

Traitement du langage naturel (NLP) dans la musique et l'art

Le NLP permet aux systèmes d'IA de comprendre et de générer du langage humain, améliorant ainsi la création et l'interaction avec les contenus artistiques et musicaux.

- **Génération de paroles et de poèmes** : Les systèmes PNL génèrent des paroles et des poèmes, aidant ainsi les auteurs-compositeurs et les poètes à créer de nouvelles œuvres.
  - ○ *Exemple* : Un outil d'IA génère les paroles d'une chanson sur la base d'un thème et d'une ambiance donnés, offrant ainsi aux auteurs-compositeurs de nouvelles idées et de l'inspiration.
- **Analyse des sentiments** : Le NLP analyse les commentaires du public et les critiques pour comprendre les sentiments et améliorer les expériences artistiques et musicales.
  - ○ *Scénario* : Un système d'IA utilise l'analyse des sentiments pour analyser les critiques d'un nouvel album, ce qui permet de connaître les réactions du public et les points à améliorer.

Défis et limites

Malgré son potentiel, l'IA dans l'art et la musique est confrontée à plusieurs défis :

- **Créativité et originalité** : S'assurer que l'art et la musique générés par l'IA sont créatifs et originaux peut s'avérer difficile.
  - *Scénario* : Un artiste collabore avec un outil d'intelligence artificielle pour générer des idées uniques, en veillant à ce que l'œuvre d'art finale soit à la fois innovante et originale.
- **Considérations éthiques** : Il est essentiel d'aborder les questions éthiques, telles que la paternité de l'œuvre et le risque de partialité dans les contenus générés par l'IA.
  - *Étude de cas* : Une plateforme artistique alimentée par l'IA met en œuvre des lignes directrices pour s'assurer que les œuvres d'art générées par l'IA sont correctement attribuées et respectent les lois sur le droit d'auteur.
- **Intégration aux méthodes traditionnelles** : L'intégration des systèmes d'IA aux méthodes artistiques et musicales traditionnelles peut s'avérer complexe.
  - *Exemple* : Un producteur de musique adopte des outils d'IA pour améliorer son processus de production, en trouvant un équilibre entre les éléments générés par l'IA et les techniques traditionnelles.
- **Coût et accessibilité** : Le coût du développement et de la mise en œuvre des systèmes d'IA peut être élevé, ce qui limite l'accessibilité pour les artistes et les créateurs de petite taille.
  - *Scénario* : Un artiste indépendant explore des solutions d'IA abordables pour améliorer son processus de création, en trouvant des moyens innovants d'intégrer l'IA dans son budget.

Tendances futures de l'IA dans l'art et la musique

Alors que la technologie de l'IA continue d'évoluer, plusieurs tendances devraient façonner l'avenir de l'art et de la musique :

- **Expériences hyperpersonnalisées** : L'IA offrira des expériences artistiques et musicales encore plus personnalisées, en adaptant le contenu aux préférences et aux comportements individuels.
  - *Exemple* : Une application musicale alimentée par l'IA crée des listes de lecture et des recommandations personnalisées en fonction des habitudes d'écoute et des préférences des utilisateurs.
- **Créativité stimulée par l'IA** : L'IA jouera un rôle plus important dans le processus de création, en aidant les artistes et les musiciens à produire des œuvres nouvelles et innovantes.
  - *Étude de cas* : Un artiste utilise un outil d'IA pour explorer de nouveaux styles et techniques créatifs, repoussant ainsi les limites de son art et améliorant son travail.
- **IA éthique** et **responsable** : le secteur mettra davantage l'accent sur l'IA éthique et responsable, en veillant à ce que les systèmes d'IA soient équitables, transparents et respectent les droits d'auteur et la propriété intellectuelle.
  - *Scénario* : Une plateforme de streaming musical adopte des pratiques éthiques en matière d'IA, en veillant à ce que ses algorithmes de recommandation soient impartiaux et que les données de ses utilisateurs soient protégées.
- **Intégration transparente des outils d'IA** : Les outils d'IA s'intégreront de manière plus transparente dans les flux de travail artistiques et musicaux, améliorant ainsi l'efficacité et la productivité.
  - *Exemple* : Un producteur de musique utilise des outils de mixage et de masterisation alimentés par l'IA qui s'intègrent de manière transparente à son logiciel existant, rationalisant ainsi le processus de production et améliorant la qualité du son.

Conclusion

L'IA transforme les domaines de l'art et de la musique en permettant de nouvelles formes de créativité, en automatisant des processus complexes et en améliorant l'expérience globale des artistes et du public. Qu'il s'agisse de créer des œuvres d'art visuel, de composer de la musique, de créer des listes de lecture personnalisées ou d'améliorer les spectacles en direct, les technologies alimentées par l'IA sont en train de révolutionner les industries créatives. À mesure que la technologie de l'IA progresse, son potentiel de transformation de l'art et de la musique ne fera que croître, offrant des possibilités passionnantes pour l'avenir de la créativité.

L'IA dans le service à la clientèle

Introduction

L'intelligence artificielle (IA) transforme le service client en fournissant une assistance instantanée, en améliorant l'expérience client et en optimisant les opérations de service. Les outils alimentés par l'IA, tels que les chatbots, les assistants virtuels et les systèmes d'analyse des sentiments, permettent aux entreprises de fournir un support client efficace et personnalisé. Cette section explore les différentes applications de l'IA dans le service client, en fournissant des exemples détaillés, des études de cas et un aperçu des avantages et des défis.

Chatbots et assistants virtuels alimentés par l'IA

Les chatbots et les assistants virtuels alimentés par l'IA fournissent un soutien et une assistance instantanés, améliorant la satisfaction des clients et réduisant la charge de travail des agents humains.

- **Chatbots** : Les chatbots d'IA traitent les demandes des clients, fournissent des informations sur les produits et aident au suivi des commandes, offrant une assistance 24 heures sur 24 et 7 jours sur 7.
    - *Exemple* : H&M utilise des chatbots d'IA pour aider les clients à obtenir des informations sur les produits, les tailles et le suivi des commandes. Les chatbots fournissent des réponses instantanées, ce qui améliore la satisfaction des clients et réduit la charge de travail des agents humains.
    - *Étude de cas* : Une entreprise de télécommunications met en place un chatbot d'IA pour traiter les demandes de service à la clientèle. Le chatbot répond aux questions courantes, fournit une assistance au dépannage et aide à la facturation, libérant ainsi des agents humains pour traiter des questions plus complexes.

133

- **Assistants virtuels** : Les assistants virtuels d'IA aident les clients à naviguer sur les sites web, à trouver des produits et à effectuer des achats.
  - o *Scénario* : Un site web de commerce électronique utilise un assistant virtuel IA pour guider les clients tout au long du processus d'achat. L'assistant virtuel répond aux questions, suggère des produits et aide les clients à terminer leurs achats.
  - o *Exemple* : L'assistant virtuel de Sephora aide les clients à trouver des produits en fonction de leurs préférences et de leurs besoins, en leur proposant des recommandations personnalisées et des conseils de beauté.

Expériences client personnalisées

L'IA améliore l'expérience des clients en leur fournissant des recommandations, une assistance et des interactions personnalisées.

- **Recommandations personnalisées** : Les systèmes d'IA analysent les données des clients pour leur fournir des recommandations et des offres de produits personnalisées, améliorant ainsi l'expérience d'achat.
  - o *Exemple* : Le moteur de recommandation d'Amazon utilise l'intelligence artificielle pour suggérer des produits en fonction de l'historique de navigation et d'achat des clients. Le système analyse les données de millions d'utilisateurs pour fournir des recommandations personnalisées, augmentant ainsi les ventes et la satisfaction des clients.
  - o *Étude de cas* : Un détaillant de mode utilise l'IA pour analyser les habitudes de navigation et l'historique des achats de ses clients, afin de leur fournir des recommandations stylistiques personnalisées et des offres exclusives. Le système d'IA accroît l'engagement et la fidélité des clients en leur proposant des expériences sur mesure.

- **Assistance personnalisée** : Les systèmes alimentés par l'IA fournissent une assistance personnalisée basée sur les préférences et le comportement des clients.
  - *Scénario* : Un système d'IA analyse les interactions précédentes et les préférences d'un client afin de lui fournir une assistance personnalisée lors d'une session de chat en direct. Le système suggère des solutions et des produits pertinents, améliorant ainsi l'expérience du client.
  - *Exemple* : Une banque utilise l'IA pour fournir des conseils financiers personnalisés à ses clients. Le système d'IA analyse les données financières des clients et leur propose des recommandations sur mesure en matière d'épargne, d'investissement et de gestion de leurs finances.

Analyse des sentiments et commentaires des clients

L'IA améliore l'analyse des sentiments et le retour d'information des clients en analysant leurs interactions et en fournissant des informations sur leurs expériences.

- **Analyse des sentiments** : Les systèmes d'IA analysent les interactions avec les clients, telles que les courriels, les transcriptions de chat et les messages sur les médias sociaux, afin d'évaluer le sentiment et d'identifier les domaines à améliorer.
  - *Exemple* : Un outil d'analyse des sentiments alimenté par l'IA analyse les commentaires des clients et les messages sur les médias sociaux afin d'identifier les thèmes et les sentiments communs. Le système fournit des informations sur la satisfaction des clients et les points à améliorer, ce qui permet aux entreprises d'améliorer leurs produits et leurs services.
  - *Étude de cas* : Une entreprise de télécommunications utilise l'IA pour analyser les interactions avec les clients et identifier les points de douleur communs. Le système d'IA fournit des informations exploitables qui aident

l'entreprise à améliorer son service client et à réduire le taux de désabonnement.

- **Analyse des commentaires des clients** : Les systèmes d'IA analysent les commentaires des clients pour identifier les tendances, les préférences et les domaines à améliorer.
  - o *Scénario* : Un outil d'IA analyse les réponses aux enquêtes et les commentaires des clients afin d'identifier les thèmes et les sentiments communs. Le système fournit des informations sur la satisfaction des clients et les domaines à améliorer, ce qui permet aux entreprises d'améliorer leurs produits et leurs services.
  - o *Exemple* : Une entreprise de vente au détail utilise l'IA pour analyser les commentaires des clients provenant de différents canaux, notamment les avis en ligne, les médias sociaux et les enquêtes en magasin. Le système d'IA identifie les tendances et les préférences, ce qui aide l'entreprise à améliorer ses produits et son service à la clientèle.

Automatisation des opérations de service à la clientèle

L'IA optimise les opérations du service client en automatisant les flux de travail, en gérant les demandes et en fournissant des informations en temps réel.

- **Automatisation des flux de travail** : Les systèmes d'IA automatisent les flux de travail du service client, de la création et de l'acheminement des tickets à la résolution et au suivi.
  - o *Exemple* : Une plateforme de service client utilise l'IA pour automatiser l'acheminement des tickets, en veillant à ce que les demandes soient dirigées vers les agents appropriés en fonction de leur expertise et de leur disponibilité. Le système d'IA fournit également des informations en temps réel sur l'état des tickets et les délais de résolution.

- o *Étude de cas* : Un éditeur de logiciels utilise une plateforme de service client alimentée par l'IA pour gérer les demandes d'assistance. Le système d'IA automatise la création, l'acheminement et le suivi des tickets, réduisant ainsi les délais de réponse et améliorant la satisfaction des clients.
- **Des informations en temps réel** : Les systèmes d'IA fournissent des informations en temps réel sur les opérations du service client, aidant les entreprises à optimiser leurs processus et à améliorer leur efficacité.
  - o *Scénario* : Un outil d'IA fournit des informations en temps réel sur les mesures du service client, telles que les temps de réponse, les taux de résolution et la satisfaction des clients. Le système identifie les domaines à améliorer et suggère des stratégies pour renforcer l'efficacité et l'efficience.
  - o *Exemple* : Une société de services financiers utilise l'IA pour surveiller et analyser les interactions avec le service clientèle. Le système d'IA fournit des informations en temps réel sur les performances des agents et la satisfaction des clients, ce qui aide l'entreprise à optimiser ses opérations d'assistance et à améliorer la qualité du service.

Études de cas et exemples

1. L'IA dans le service client du commerce électronique

- **Chatbots alimentés par l'IA** : Les chatbots d'IA traitent les demandes des clients, fournissent des recommandations sur les produits et aident au suivi des commandes, améliorant ainsi l'expérience d'achat.
  - o *Exemple* : Une entreprise de commerce électronique utilise un chatbot d'IA pour traiter les demandes des clients concernant la disponibilité des produits, l'état de l'expédition et les retours. Le chatbot fournit des réponses

instantanées, ce qui améliore la satisfaction des clients et réduit la charge de travail des agents humains.

- o *Étude de cas* : Un détaillant de mode met en œuvre un chatbot d'IA pour aider les clients à obtenir des recommandations de style et des informations sur les produits. Le chatbot analyse les préférences des clients et fournit des suggestions personnalisées, améliorant ainsi l'expérience d'achat et augmentant les ventes.
- **Assistance personnalisée** : Les systèmes d'IA fournissent une assistance personnalisée en fonction de l'historique de navigation et des préférences des clients.
  - o *Scénario* : Un détaillant en ligne utilise l'IA pour analyser l'historique de navigation et les habitudes d'achat de ses clients, afin de leur fournir une assistance personnalisée lors des sessions de chat en direct. Le système d'IA suggère des produits et des offres pertinents, ce qui améliore l'expérience d'achat et fidélise les clients.
  - o *Exemple* : Un détaillant de produits de beauté utilise l'IA pour fournir des recommandations personnalisées en matière de soins de la peau en fonction du type de peau et des préférences des clients. Le système d'IA analyse les données des clients et propose des suggestions de produits sur mesure, ce qui améliore la satisfaction des clients et les ventes.

2. L'IA dans l'assistance à la clientèle des services financiers

- **Conseils financiers améliorés par l'IA** : Les systèmes d'IA fournissent des conseils financiers personnalisés basés sur les données et les objectifs financiers des clients.
  - o *Exemple* : Une banque utilise l'IA pour offrir des conseils financiers personnalisés à ses clients. Le système d'IA analyse les données financières des clients et fournit des recommandations sur mesure pour l'épargne, l'investissement et la gestion de leurs finances.

- o *Étude de cas* : Une société de services financiers met en place un assistant virtuel alimenté par l'IA pour fournir à ses clients des conseils financiers personnalisés. L'assistant virtuel analyse les données financières des clients et leur propose des recommandations pour atteindre leurs objectifs financiers, améliorant ainsi la satisfaction et la fidélité des clients.
- **Automatisation des opérations d'assistance** : L'IA optimise les opérations de support en automatisant la création, l'acheminement et la résolution des tickets.
  - o *Scénario* : Une société de services financiers utilise une plateforme de service à la clientèle alimentée par l'IA pour gérer les demandes d'assistance. Le système d'IA automatise la création, l'acheminement et le suivi des tickets, réduisant ainsi les délais de réponse et améliorant la satisfaction des clients.
  - o *Exemple* : Une banque utilise l'IA pour surveiller et analyser les interactions avec le service clientèle. Le système d'IA fournit des informations en temps réel sur les performances des agents et la satisfaction des clients, ce qui aide la banque à optimiser ses opérations d'assistance et à améliorer la qualité du service.

L'IA dans le service à la clientèle : Perspectives techniques

L'apprentissage automatique dans le service à la clientèle

Les algorithmes d'apprentissage automatique analysent de grandes quantités de données clients pour améliorer les opérations d'assistance, personnaliser les expériences et optimiser la qualité du service.

- **Apprentissage supervisé** : Utilisé pour des tâches telles que la classification des billets, l'analyse des sentiments et les recommandations personnalisées.
  - o *Exemple* : Un système d'IA est formé sur un ensemble de données d'interactions avec le service client pour classer et

acheminer les tickets en fonction de leur contenu et de leur urgence.

- **Apprentissage non supervisé** : Permet de découvrir des modèles et des tendances dans le comportement et les commentaires des clients.
  - ○ *Scénario* : Un système d'IA utilise l'apprentissage non supervisé pour analyser les commentaires des clients et identifier les thèmes et les sentiments communs, fournissant ainsi des informations sur la satisfaction des clients et les domaines à améliorer.
- **Apprentissage par renforcement** : Appliqué dans les systèmes interactifs et adaptatifs, où l'IA apprend et s'adapte en permanence sur la base d'un retour d'information en temps réel.
  - ○ *Étude de cas* : Un chatbot alimenté par l'IA utilise l'apprentissage par renforcement pour améliorer ses réponses au fil du temps, fournissant une assistance plus précise et plus utile aux clients.

Traitement du langage naturel (NLP) dans le service à la clientèle

Le NLP permet aux systèmes d'IA de comprendre et de traiter le langage humain, ce qui améliore les interactions avec les clients et l'assistance.

- **Analyse de texte** : Les systèmes NLP analysent les interactions avec les clients, telles que les courriels, les transcriptions de chat et les messages sur les médias sociaux, afin d'extraire des informations et de fournir des réponses pertinentes.
  - ○ *Exemple* : Un outil d'analyse des sentiments alimenté par l'IA utilise le NLP pour analyser les commentaires des clients et les messages sur les médias sociaux, en identifiant les thèmes et les sentiments communs afin de fournir des informations exploitables.
- **Génération de langage** : Les systèmes NLP génèrent des réponses en langage naturel, permettant aux chatbots et aux assistants virtuels de communiquer efficacement avec les clients.

o *Scénario* : Un chatbot d'IA utilise le NLP pour comprendre les demandes des clients et générer des réponses pertinentes, fournissant ainsi un soutien et une assistance instantanés.

Défis et limites

Malgré son potentiel, l'IA dans le service client est confrontée à plusieurs défis :

- **Confidentialité et sécurité des données** : La protection des données des clients est cruciale, car les systèmes d'IA s'appuient sur de grandes quantités d'informations personnelles.
  - o *Scénario* : Une plateforme de service à la clientèle met en œuvre un chiffrement avancé et des contrôles d'accès pour protéger les données des clients et garantir la conformité avec les réglementations en matière de confidentialité des données.
- **Intégration aux systèmes existants** : L'intégration des systèmes d'IA à l'infrastructure de service à la clientèle existante peut s'avérer complexe et coûteuse.
  - o *Étude de cas* : Une entreprise investit dans la mise à niveau de son infrastructure informatique pour intégrer des outils de service client alimentés par l'IA, améliorant ainsi l'efficacité et la satisfaction des clients.
- **Considérations éthiques** : Il est essentiel d'aborder les questions éthiques, telles que les préjugés dans les algorithmes d'IA et le potentiel de discrimination.
  - o *Exemple* : Une plateforme de service client vérifie ses algorithmes d'IA pour s'assurer que les interactions d'assistance sont équitables et impartiales, ce qui permet de maintenir la confiance et la fidélité des clients.
- **Coût et accessibilité** : Le coût du développement et de la mise en œuvre des systèmes d'IA peut être élevé, ce qui limite l'accessibilité pour les petites entreprises.

○ *Scénario* : Une petite entreprise explore des solutions d'IA abordables pour améliorer ses opérations de service à la clientèle, en trouvant des moyens créatifs d'intégrer l'IA dans son budget.

Tendances futures de l'IA dans le service à la clientèle

Alors que la technologie de l'IA continue d'évoluer, plusieurs tendances devraient façonner l'avenir du service à la clientèle :

- **Assistance hyperpersonnalisée** : L'IA offrira des expériences d'assistance à la clientèle encore plus personnalisées, en adaptant les interactions aux préférences et aux comportements individuels.
  - ○ *Exemple* : Une plateforme de service client alimentée par l'IA utilise des algorithmes avancés pour créer des expériences d'assistance personnalisées en fonction des interactions précédentes et des préférences des clients.
- **Solutions en libre-service pilotées par l'IA** : L'IA améliorera les solutions en libre-service, permettant aux clients de trouver des réponses et de résoudre des problèmes de manière autonome.
  - ○ *Étude de cas* : Une base de connaissances alimentée par l'IA utilise le traitement du langage naturel pour comprendre les demandes des clients et fournir des réponses pertinentes, réduisant ainsi la nécessité d'une intervention humaine.
- **IA éthique** et responsable : le secteur mettra davantage l'accent sur l'IA éthique et responsable, en veillant à ce que les systèmes d'IA soient équitables, transparents et respectent la vie privée des clients.
  - ○ *Scénario* : Une plateforme de service client adopte des pratiques éthiques en matière d'IA, en veillant à ce que ses algorithmes soient impartiaux et que les données de ses utilisateurs soient protégées.

- **Intégration transparente des outils d'IA** : Les outils d'IA s'intégreront de manière plus transparente dans les flux de travail du service client, améliorant ainsi l'efficacité et la productivité.
  - *Exemple* : Une entreprise utilise des chatbots et des assistants virtuels alimentés par l'IA qui s'intègrent de manière transparente à ses systèmes de service client existants, ce qui permet de rationaliser les opérations et d'améliorer la qualité de l'assistance.

Conclusion

L'IA transforme le service client en fournissant une assistance instantanée, en améliorant l'expérience client et en optimisant les opérations de service. Les outils alimentés par l'IA, tels que les chatbots, les assistants virtuels et les systèmes d'analyse des sentiments, permettent aux entreprises de fournir un support client efficace et personnalisé. À mesure que la technologie de l'IA continue de progresser, son potentiel de transformation du service client ne fera que croître, offrant des possibilités passionnantes pour l'avenir du support client.

L'IA dans le domaine juridique et de la conformité

Introduction

L'intelligence artificielle (IA) révolutionne les secteurs du droit et de la conformité en automatisant les tâches de routine, en améliorant les capacités de recherche et en garantissant la conformité réglementaire. De la recherche juridique et de l'analyse de documents au contrôle de la conformité et à la gestion des risques, les technologies de l'IA transforment le mode de fonctionnement des professionnels du droit et des responsables de la conformité. Cette section explore les différentes applications de l'IA dans le domaine juridique et de la conformité, en fournissant des exemples détaillés, des études de cas et un aperçu des avantages et des défis.

L'IA dans la recherche juridique et l'analyse de documents

L'IA améliore la recherche juridique et l'analyse des documents en fournissant des résultats plus rapides et plus précis et en automatisant les tâches fastidieuses.

- **Recherche juridique** : Les outils alimentés par l'IA aident les professionnels du droit à effectuer des recherches juridiques complètes, en analysant de vastes quantités de documents juridiques, de jurisprudence et de lois.
    - *Exemple* : ROSS Intelligence utilise l'IA pour aider les avocats à effectuer des recherches juridiques. Le système d'IA analyse les documents juridiques et fournit la jurisprudence et les lois pertinentes, ce qui réduit considérablement le temps nécessaire à la recherche.
    - *Étude de cas* : Un cabinet d'avocats met en œuvre un outil de recherche juridique alimenté par l'IA qui aide les avocats à trouver rapidement la jurisprudence pertinente et les précédents juridiques. Le système d'IA améliore l'efficacité et la précision des recherches, ce qui permet

aux avocats de se concentrer sur des tâches plus importantes.

- **Examen et analyse de documents** : Les systèmes d'IA automatisent l'examen et l'analyse des documents juridiques, tels que les contrats et les documents de divulgation, en identifiant les informations clés et les problèmes potentiels.
  - *Scénario* : Un outil d'intelligence artificielle examine un grand nombre de contrats pour identifier les clauses relatives à la confidentialité et à la résiliation. Le système d'IA met en évidence les sections pertinentes, ce qui permet aux juristes d'économiser des heures d'examen manuel.
  - *Exemple* : Luminance utilise l'IA pour analyser les documents juridiques et identifier les clauses clés et les risques potentiels. Le système d'IA aide les avocats dans les processus de diligence raisonnable, en garantissant un examen approfondi et précis des documents.

L'IA dans la gestion des contrats

L'IA améliore la gestion des contrats en automatisant la création, l'examen et le suivi des contrats, garantissant ainsi la conformité et réduisant les risques.

- **Création et rédaction de contrats** : Les outils d'IA aident à la rédaction des contrats en fournissant des modèles et en suggérant des formulations basées sur les normes juridiques et les meilleures pratiques.
  - *Exemple* : LegalRobot utilise l'IA pour rédiger des contrats sur la base des données fournies par l'utilisateur et des normes juridiques. Le système d'IA génère des documents juridiquement solides, réduisant ainsi le temps et les efforts nécessaires à la création des contrats.
  - *Étude de cas* : Une entreprise utilise un outil de rédaction de contrats alimenté par l'IA pour créer des contrats de travail standard. Le système d'IA veille à ce que les

contrats soient conformes aux exigences légales et comprennent les clauses nécessaires, ce qui rationalise le processus de création des contrats.

- **Examen et approbation des contrats** : Les systèmes d'IA automatisent l'examen et l'approbation des contrats, en identifiant les problèmes potentiels et en garantissant la conformité avec les normes juridiques et réglementaires.
    - ○ *Scénario* : Un outil d'IA examine un contrat avec un fournisseur afin d'identifier les clauses susceptibles de présenter des risques ou de nécessiter des négociations supplémentaires. Le système d'IA signale ces clauses pour examen, ce qui garantit que le contrat est conforme aux politiques de l'entreprise.
    - ○ *Exemple* : Kira Systems utilise l'IA pour examiner et analyser les contrats, en identifiant les termes clés et les risques potentiels. Le système d'IA aide les équipes juridiques à examiner les contrats de manière plus efficace et plus précise.
- **Suivi et conformité des contrats** : L'IA surveille l'exécution et la conformité des contrats, en veillant à ce que toutes les parties respectent les conditions convenues.
    - ○ *Étude de cas* : Une entreprise utilise un système de gestion des contrats alimenté par l'IA pour contrôler le respect des accords de niveau de service (SLA). Le système d'IA suit les indicateurs de performance et alerte l'entreprise en cas d'écart par rapport aux termes du contrat.
    - ○ *Exemple* : Un outil d'IA surveille les contrats avec les fournisseurs pour garantir le respect des délais de livraison et des normes de qualité. Le système d'IA identifie toute anomalie et en informe l'entreprise, ce qui permet de la résoudre en temps voulu.

L'IA dans la surveillance de la conformité et la gestion des risques

L'IA améliore la surveillance de la conformité et la gestion des risques en automatisant les processus, en identifiant les risques potentiels et en garantissant le respect des réglementations.

- **Conformité réglementaire** : Les systèmes d'IA aident à surveiller et à garantir la conformité avec diverses réglementations, telles que le GDPR, l'HIPAA et les lois contre le blanchiment d'argent (AML).
    - *Exemple* : Compliance.ai utilise l'IA pour surveiller les changements réglementaires et fournir des mises à jour aux responsables de la conformité. Le système d'IA permet aux entreprises de rester informées des nouvelles réglementations et d'adapter leurs pratiques en conséquence.
    - *Étude de cas* : Une institution financière met en œuvre un outil de contrôle de la conformité alimenté par l'IA pour garantir le respect des réglementations en matière de lutte contre le blanchiment d'argent. Le système d'IA analyse les transactions et identifie les activités potentielles de blanchiment d'argent, améliorant ainsi les efforts de conformité de l'entreprise.
- **Évaluation et gestion des risques** : Les outils d'IA évaluent et gèrent les risques en analysant les données et en identifiant les vulnérabilités potentielles.
    - *Scénario* : Un système d'IA analyse les opérations d'une entreprise et identifie les zones de risque potentiel, telles que les violations de données ou les infractions à la réglementation. Le système d'IA fournit des recommandations pour atténuer ces risques et renforcer la conformité.
    - *Exemple* : Ayasdi utilise l'IA pour analyser les transactions financières et identifier les schémas susceptibles d'indiquer des activités frauduleuses. Le système d'IA aide

les entreprises à détecter et à prévenir les fraudes, tout en garantissant la conformité aux exigences réglementaires.

- **Audit et rapports** : L'IA automatise les processus d'audit et génère des rapports de conformité, garantissant transparence et précision.
  - *Étude de cas* : Une entreprise utilise un outil d'audit alimenté par l'IA pour examiner ses documents financiers et s'assurer qu'ils sont conformes aux normes comptables. Le système d'IA automatise le processus d'audit, identifie les divergences et génère des rapports détaillés.
  - *Exemple* : Un outil d'IA génère des rapports de conformité pour un organisme de soins de santé, garantissant le respect de la réglementation HIPAA. Le système d'IA analyse les données des patients et identifie toute violation potentielle, en fournissant des recommandations de mesures correctives.

Exemples et études de cas

1. L'IA dans l'assistance au contentieux

- **L'administration de la preuve électronique (eDiscovery)** : Les outils d'eDiscovery alimentés par l'IA permettent d'identifier, de collecter et d'analyser les documents électroniques pertinents pour les affaires juridiques.
  - *Exemple* : Relativity utilise l'IA pour automatiser le processus d'eDiscovery, en identifiant les documents pertinents et en les organisant en vue de leur examen. Le système d'IA réduit le temps et les coûts associés à l'examen manuel des documents.
  - *Étude de cas* : Un cabinet d'avocats utilise un outil d'eDiscovery alimenté par l'IA pour examiner des millions de documents dans le cadre d'un litige complexe. Le système d'IA identifie les documents clés et les organise en fonction de leur pertinence, ce qui réduit

considérablement le temps et les efforts nécessaires à l'examen des documents.

- **Codage prédictif** : Les systèmes d'IA aident au codage prédictif, en identifiant les documents pertinents sur la base de modèles et de tendances.
  - *Scénario* : Un outil d'intelligence artificielle analyse un ensemble de documents et identifie des schémas qui indiquent leur pertinence pour l'affaire. Le système d'IA utilise ces schémas pour classer les documents supplémentaires, garantissant ainsi un examen approfondi et précis.
  - *Exemple* : Catalyst utilise l'IA pour faciliter le codage prédictif et aider les équipes juridiques à identifier les documents pertinents à examiner. Le système d'IA améliore l'efficacité et la précision du processus d'examen des documents, réduisant ainsi le coût global des litiges.

2. L'IA dans la conformité réglementaire

- **Contrôle de la conformité** : Les systèmes d'IA surveillent les changements réglementaires et veillent à ce que les entreprises respectent les nouvelles exigences.
  - *Exemple* : Une société de services financiers utilise un outil d'IA pour suivre l'évolution des réglementations financières. Le système d'IA fournit des mises à jour en temps réel et des recommandations en matière de conformité, ce qui permet à l'entreprise de rester en conformité avec les nouvelles réglementations.
  - *Étude de cas* : Un organisme de santé utilise un outil de contrôle de la conformité alimenté par l'IA pour garantir le respect des réglementations HIPAA. Le système d'IA analyse les données des patients et identifie les violations potentielles, en fournissant des recommandations de mesures correctives.

- **Gestion des risques** : Les outils d'IA évaluent et gèrent les risques en analysant les données et en identifiant les vulnérabilités potentielles.
  - ○ *Scénario* : Un système d'IA analyse les opérations d'une entreprise et identifie les zones de risque potentiel, telles que les violations de données ou les infractions à la réglementation. Le système d'IA fournit des recommandations pour atténuer ces risques et renforcer la conformité.
  - ○ *Exemple* : Ayasdi utilise l'IA pour analyser les transactions financières et identifier les schémas susceptibles d'indiquer des activités frauduleuses. Le système d'IA aide les entreprises à détecter et à prévenir les fraudes, tout en garantissant la conformité aux exigences réglementaires.

L'IA dans le domaine juridique et de la conformité : Perspectives techniques

L'apprentissage automatique dans le domaine juridique et de la conformité

Les algorithmes d'apprentissage automatique analysent de grandes quantités de données juridiques et de conformité pour améliorer la recherche, automatiser les processus et optimiser les opérations.

- **Apprentissage supervisé** : Utilisé pour des tâches telles que la classification des documents, l'évaluation des risques et le contrôle de la conformité.
  - ○ *Exemple* : Un système d'IA est formé sur un ensemble de données de documents juridiques pour classer et examiner les contrats en fonction de leur contenu et des risques potentiels.
- **Apprentissage non supervisé** : Permet de découvrir des modèles et des tendances dans les données juridiques et de conformité, en fournissant des informations et en identifiant des problèmes potentiels.

- o *Scénario* : Un système d'IA utilise l'apprentissage non supervisé pour analyser les données de conformité et identifier les thèmes communs et les zones de risque potentielles.
- **Apprentissage par renforcement** : Appliqué dans les systèmes interactifs et adaptatifs, où l'IA apprend et s'adapte en permanence sur la base d'un retour d'information en temps réel.
  - o *Étude de cas* : Un outil de contrôle de la conformité alimenté par l'IA utilise l'apprentissage par renforcement pour améliorer sa capacité à identifier les violations potentielles et à garantir le respect de la réglementation.

Traitement du langage naturel (NLP) dans le domaine juridique et de la conformité

Le NLP permet aux systèmes d'IA de comprendre et de traiter le langage humain, ce qui améliore la recherche juridique, l'analyse des documents et le contrôle de la conformité.

- **Analyse de texte** : Les systèmes NLP analysent les documents juridiques, les contrats et les textes réglementaires pour en extraire les informations pertinentes et identifier les problèmes potentiels.
  - o *Exemple* : Un outil d'analyse des contrats alimenté par l'IA utilise le NLP pour identifier les clauses clés et les risques potentiels dans les documents juridiques, aidant ainsi les professionnels du droit dans leur examen et leur analyse.
- **Analyse des sentiments** : Le NLP analyse les interactions et les commentaires des clients afin d'évaluer le sentiment et d'identifier les domaines à améliorer.
  - o *Scénario* : Un système d'IA utilise l'analyse des sentiments pour analyser les commentaires des clients sur les changements réglementaires, ce qui permet de connaître les préoccupations des clients et les domaines à améliorer.

Défis et limites

Malgré son potentiel, l'IA dans le domaine juridique et de la conformité est confrontée à plusieurs défis :

- **Confidentialité et sécurité des données** : La protection des données juridiques et de conformité sensibles est cruciale, car les systèmes d'IA s'appuient sur de grandes quantités d'informations personnelles.
  - *Scénario* : Un cabinet d'avocats met en œuvre un cryptage avancé et des contrôles d'accès pour protéger les données des clients et garantir la conformité avec les réglementations en matière de confidentialité des données.
- **Intégration aux systèmes existants** : L'intégration des systèmes d'IA à l'infrastructure juridique et de conformité existante peut s'avérer complexe et coûteuse.
  - *Étude de cas* : Une entreprise investit dans la mise à niveau de son infrastructure informatique pour intégrer des outils juridiques et de conformité alimentés par l'IA, améliorant ainsi l'efficacité et la précision.
- **Considérations éthiques** : Il est essentiel d'aborder les questions éthiques, telles que les préjugés dans les algorithmes d'IA et le potentiel de discrimination.
  - *Exemple* : Une plateforme de contrôle de conformité vérifie ses algorithmes d'IA pour s'assurer qu'ils sont justes et impartiaux, préservant ainsi l'intégrité de ses efforts de conformité.
- **Coût et accessibilité** : Le coût du développement et de la mise en œuvre des systèmes d'IA peut être élevé, ce qui limite l'accessibilité pour les petites entreprises et organisations.
  - *Scénario* : Un petit cabinet d'avocats explore des solutions d'IA abordables pour améliorer ses processus de recherche juridique et d'analyse de documents, en trouvant des moyens innovants d'intégrer l'IA dans son budget.

Tendances futures de l'IA dans le domaine juridique et de la conformité

Alors que la technologie de l'IA continue d'évoluer, plusieurs tendances devraient façonner l'avenir du droit et de la conformité :

- **Services juridiques hyperpersonnalisés** : L'IA fournira des services juridiques encore plus personnalisés, en adaptant les conseils et le soutien aux clients et aux cas individuels.
  - *Exemple* : Une plateforme juridique alimentée par l'IA utilise des algorithmes avancés pour fournir des conseils juridiques personnalisés en fonction des besoins et des circonstances spécifiques des clients.
- **Solutions de conformité basées sur l'IA** : L'IA améliorera les solutions de conformité, permettant aux organisations de surveiller et d'assurer le respect des réglementations de manière plus efficace.
  - *Étude de cas* : Un outil de contrôle de la conformité alimenté par l'IA utilise le traitement du langage naturel pour analyser les textes réglementaires et fournir des mises à jour et des recommandations en temps réel pour la conformité.
- **IA éthique et responsable** : le secteur mettra davantage l'accent sur l'IA éthique et responsable, en veillant à ce que les systèmes d'IA soient équitables, transparents et respectent les normes juridiques et réglementaires.
  - *Scénario* : Une plateforme juridique adopte des pratiques éthiques en matière d'IA, en veillant à ce que ses algorithmes soient impartiaux et que les données de ses utilisateurs soient protégées.
- **Intégration transparente des outils d'IA** : Les outils d'IA s'intégreront de manière plus transparente dans les flux de travail juridiques et de conformité, améliorant ainsi l'efficacité et la productivité.
  - *Exemple* : Un cabinet d'avocats utilise des outils de recherche juridique et d'analyse de documents alimentés par l'IA qui s'intègrent parfaitement à ses systèmes

existants, rationalisant les opérations et améliorant la qualité du service.

Recherche juridique

Les outils alimentés par l'IA aident les professionnels du droit à effectuer des recherches juridiques complètes, en analysant de vastes quantités de documents juridiques, de jurisprudence et de lois.

- **ROSS Intelligence** : Un assistant de recherche IA qui aide les juristes à trouver rapidement et efficacement la jurisprudence, les lois et les avis juridiques pertinents. En utilisant le traitement du langage naturel, ROSS peut comprendre les requêtes juridiques formulées en langage clair et renvoyer des résultats précis et pertinents.
- **LexisNexis** : intègre l'IA pour fournir des outils de recherche juridique offrant des capacités de recherche et d'analyse avancées. LexisNexis exploite l'apprentissage automatique pour améliorer son moteur de recherche, offrant des résultats de recherche prédictifs et contextuels adaptés à des requêtes juridiques spécifiques.

Étude de cas : Un cabinet d'avocats a mis en œuvre un outil de recherche juridique alimenté par l'IA, ce qui a considérablement amélioré l'efficacité et la précision de ses processus de recherche. L'outil a permis aux avocats de trouver plus rapidement la jurisprudence et les précédents juridiques pertinents, ce qui leur a permis de se concentrer sur des tâches de plus haut niveau et sur les interactions avec les clients. Le cabinet a constaté une réduction de 40 % du temps consacré à la recherche juridique, ce qui a permis de réaliser des économies et d'accroître la productivité.

Examen et analyse des documents

Les systèmes d'IA automatisent l'examen et l'analyse des documents juridiques, tels que les contrats et les documents de divulgation, en identifiant les informations clés et les problèmes potentiels.

- **Luminance** : Une plateforme d'IA qui aide les avocats à effectuer des tâches d'examen de documents plus rapidement et avec plus de précision. Elle utilise la reconnaissance des formes pour identifier les clauses clés et les risques potentiels dans les contrats, ce qui facilite les contrôles de diligence raisonnable et de conformité.
- **Étude de cas** : Une multinationale a utilisé Luminance pour examiner des milliers de contrats lors d'une fusion. Le système d'IA a rapidement identifié les clauses critiques et les risques potentiels, permettant à l'équipe juridique de se concentrer sur la négociation des termes et la garantie de la conformité. Il en a résulté une réduction de 60 % du temps de révision et une amélioration de la précision globale du processus de diligence raisonnable.

L'IA dans la gestion des contrats

Création et rédaction de contrats

Les outils d'IA aident à la rédaction des contrats en fournissant des modèles et en suggérant des formulations basées sur les normes juridiques et les meilleures pratiques.

- **LegalRobot** : Utilise l'IA pour rédiger des contrats sur la base des données fournies par l'utilisateur et des normes juridiques. Il génère des documents juridiquement solides, réduisant ainsi le temps et les efforts nécessaires à la création de contrats.
- **LawGeex** : Une plateforme d'examen des contrats alimentée par l'IA qui compare les contrats aux normes juridiques et aux

meilleures pratiques, fournissant des suggestions d'amélioration et garantissant la conformité.

Étude de cas : Une entreprise a mis en œuvre un outil de rédaction de contrats alimenté par l'IA pour créer des contrats de travail standard. Le système d'IA a permis de s'assurer que les contrats étaient conformes aux exigences légales et comprenaient les clauses nécessaires, rationalisant ainsi le processus de création des contrats et réduisant les frais juridiques de 30 %.

Examen et approbation des contrats

Les systèmes d'IA automatisent l'examen et l'approbation des contrats, en identifiant les problèmes potentiels et en garantissant la conformité aux normes juridiques et réglementaires.

- **Kira Systems** : Utilise l'apprentissage automatique pour examiner et analyser les contrats, en identifiant les termes clés et les risques potentiels. Il aide les équipes juridiques à examiner les contrats de manière plus efficace et plus précise.
- **Étude de cas** : Une entreprise technologique a utilisé Kira Systems pour examiner les contrats avec les fournisseurs, en identifiant les clauses qui nécessitaient des négociations ou des modifications. Le système d'IA a signalé les risques potentiels, garantissant que les contrats respectent les normes et les politiques de l'entreprise.

Suivi et conformité des contrats

L'IA surveille l'exécution et la conformité des contrats, en veillant à ce que toutes les parties respectent les conditions convenues.

- **DocuSign CLM** : utilise l'IA pour contrôler la conformité des contrats, en suivant les indicateurs de performance et en alertant les entreprises en cas d'écart par rapport aux conditions contractuelles.

- **Étude de cas** : Une entreprise manufacturière a utilisé un système de gestion des contrats alimenté par l'IA pour contrôler le respect des accords de niveau de service (SLA). Le système d'IA suit les indicateurs de performance et alerte l'entreprise en cas d'écart, ce qui permet de résoudre les problèmes en temps voulu et de garantir le respect des obligations contractuelles.

L'IA dans la surveillance de la conformité et la gestion des risques

Conformité réglementaire

Les systèmes d'IA aident à surveiller et à garantir la conformité avec diverses réglementations, telles que le GDPR, l'HIPAA et les lois contre le blanchiment d'argent (AML).

- **Compliance.ai** : Utilise l'IA pour surveiller les changements réglementaires et fournir des mises à jour aux responsables de la conformité. Elle permet aux entreprises de rester informées des nouvelles réglementations et d'adapter leurs pratiques en conséquence.

Étude de cas : Une institution financière a mis en œuvre un outil de contrôle de la conformité alimenté par l'IA pour garantir le respect des réglementations en matière de lutte contre le blanchiment d'argent. Le système d'IA a analysé les transactions et identifié les activités potentielles de blanchiment d'argent, améliorant ainsi les efforts de conformité de l'entreprise et réduisant le risque d'amendes réglementaires.

Évaluation et gestion des risques

Les outils d'IA évaluent et gèrent les risques en analysant les données et en identifiant les vulnérabilités potentielles.

- **Ayasdi** : Utilise l'IA pour analyser les transactions financières et identifier les modèles qui peuvent indiquer des activités frauduleuses. Il aide les entreprises à détecter et à prévenir les fraudes, en garantissant la conformité aux exigences réglementaires.
- **Étude de cas** : Une banque internationale a utilisé la plateforme d'IA d'Ayasdi pour analyser des millions de transactions et identifier des schémas indiquant une fraude. Le système d'IA a aidé la banque à prévenir les pertes financières et à améliorer sa conformité avec les réglementations AML.

Audit et rapports

L'IA automatise les processus d'audit et génère des rapports de conformité, garantissant transparence et précision.

- **MindBridge Ai Auditor** : Un outil d'audit alimenté par l'IA qui examine les documents financiers et identifie les divergences. Il automatise le processus d'audit et fournit des rapports et des informations détaillés.

Étude de cas : Une société a utilisé MindBridge Ai Auditor pour examiner ses documents financiers et s'assurer de leur conformité avec les normes comptables. Le système d'IA a automatisé le processus d'audit, en identifiant les divergences et en générant des rapports détaillés, ce qui a permis de réduire de 50 % le temps et le coût de l'audit.

Exemples et études de cas

1. L'IA dans l'assistance au contentieux

L'administration de la preuve électronique

Les outils d'eDiscovery alimentés par l'IA permettent d'identifier, de collecter et d'analyser les documents électroniques pertinents pour les affaires juridiques.

- **Relativity** : Utilise l'IA pour automatiser le processus d'eDiscovery, en identifiant les documents pertinents et en les organisant en vue de leur examen. Il réduit le temps et les coûts associés à l'examen manuel des documents.

Étude de cas : Un cabinet d'avocats a utilisé Relativity pour examiner des millions de documents dans le cadre d'un litige complexe. Le système d'IA a identifié les documents clés et les a organisés en fonction de leur pertinence, ce qui a permis de réduire considérablement le temps et les efforts nécessaires à l'examen des documents.

Codage prédictif

Les systèmes d'IA contribuent au codage prédictif, en identifiant les documents pertinents sur la base de modèles et de tendances.

- **Catalyst** : Utilise l'IA pour aider au codage prédictif, en aidant les équipes juridiques à identifier les documents pertinents à examiner. Il améliore l'efficacité et la précision du processus d'examen des documents, réduisant ainsi le coût global des litiges.

Étude de cas : Une équipe juridique d'entreprise a utilisé Catalyst pour examiner des documents dans le cadre d'une affaire antitrust. Le système d'IA a identifié des modèles et des tendances, aidant l'équipe à se concentrer sur les documents les plus pertinents et à rationaliser le processus d'examen.

2. L'IA dans la conformité réglementaire

Contrôle de conformité

Les systèmes d'IA surveillent les changements réglementaires et veillent à ce que les entreprises respectent les nouvelles exigences.

- **Compliance.ai** : Fournit des mises à jour et des recommandations en temps réel pour la conformité, en veillant à ce que les entreprises restent conformes aux nouvelles réglementations.

Étude de cas : Une société de services financiers a utilisé Compliance.ai pour surveiller les changements dans les réglementations financières. Le système d'IA a fourni des mises à jour en temps réel et des recommandations en matière de conformité, ce qui a permis à l'entreprise de rester en conformité avec les nouvelles réglementations et d'éviter les amendes.

Gestion des risques

Les outils d'IA évaluent et gèrent les risques en analysant les données et en identifiant les vulnérabilités potentielles.

- **Ayasdi** : Utilise l'IA pour analyser les transactions financières et identifier les modèles qui peuvent indiquer des activités frauduleuses. Il aide les entreprises à détecter et à prévenir les fraudes, en garantissant la conformité aux exigences réglementaires.

Étude de cas : Un organisme de soins de santé a utilisé Ayasdi pour analyser les données de facturation des patients, en identifiant des modèles indiquant des réclamations frauduleuses. Le système d'IA a aidé l'organisation à prévenir les pertes financières et à améliorer sa conformité avec les réglementations en matière de santé.

L'IA dans le domaine juridique et de la conformité : Perspectives techniques

L'apprentissage automatique dans le domaine juridique et de la conformité

Les algorithmes d'apprentissage automatique analysent de grandes quantités de données juridiques et de conformité pour améliorer la recherche, automatiser les processus et optimiser les opérations.

- **Apprentissage supervisé** : Utilisé pour des tâches telles que la classification des documents, l'évaluation des risques et le contrôle de la conformité.
  - *Exemple* : Un système d'IA est formé sur un ensemble de données de documents juridiques pour classer et examiner les contrats en fonction de leur contenu et des risques potentiels.
- **Apprentissage non supervisé** : Permet de découvrir des modèles et des tendances dans les données juridiques et de conformité, en fournissant des informations et en identifiant des problèmes potentiels.
  - *Scénario* : Un système d'IA utilise l'apprentissage non supervisé pour analyser les données de conformité et identifier les thèmes communs et les zones de risque potentielles.
- **Apprentissage par renforcement** : Appliqué dans les systèmes interactifs et adaptatifs, où l'IA apprend et s'adapte en permanence sur la base d'un retour d'information en temps réel.
  - *Étude de cas* : Un outil de contrôle de la conformité alimenté par l'IA utilise l'apprentissage par renforcement pour améliorer sa capacité à identifier les violations potentielles et à garantir le respect de la réglementation.

Traitement du langage naturel (NLP) dans le domaine juridique et de la conformité

Le NLP permet aux systèmes d'IA de comprendre et de traiter le langage humain, ce qui améliore la recherche juridique, l'analyse des documents et le contrôle de la conformité.

- **Analyse de texte** : Les systèmes NLP analysent les documents juridiques, les contrats et les textes réglementaires pour en extraire les informations pertinentes et identifier les problèmes potentiels.
    - *Exemple* : Un outil d'analyse des contrats alimenté par l'IA utilise le NLP pour identifier les clauses clés et les risques potentiels dans les documents juridiques, aidant ainsi les professionnels du droit dans leur examen et leur analyse.
- **Analyse des sentiments** : Le NLP analyse les interactions et les commentaires des clients afin d'évaluer le sentiment et d'identifier les domaines à améliorer.
    - *Scénario* : Un système d'IA utilise l'analyse des sentiments pour analyser les commentaires des clients sur les changements réglementaires, ce qui permet de connaître les préoccupations des clients et les domaines à améliorer.

Défis et limites

Malgré son potentiel, l'IA dans le domaine juridique et de la conformité est confrontée à plusieurs défis :

- **Confidentialité et sécurité des données** : La protection des données juridiques et de conformité sensibles est cruciale, car les systèmes d'IA s'appuient sur de grandes quantités d'informations personnelles.
    - *Scénario* : Un cabinet d'avocats met en œuvre un cryptage avancé et des contrôles d'accès pour protéger les données des clients et garantir la conformité avec les

réglementations en matière de confidentialité des données.

- **Intégration aux systèmes existants** : L'intégration des systèmes d'IA à l'infrastructure juridique et de conformité existante peut s'avérer complexe et coûteuse.
  - *Étude de cas* : Une entreprise investit dans la mise à niveau de son infrastructure informatique pour intégrer des outils juridiques et de conformité alimentés par l'IA, améliorant ainsi l'efficacité et la précision.
- **Considérations éthiques** : Il est essentiel d'aborder les questions éthiques, telles que les préjugés dans les algorithmes d'IA et le potentiel de discrimination.
  - *Exemple* : Une plateforme de contrôle de conformité vérifie ses algorithmes d'IA pour s'assurer qu'ils sont justes et impartiaux, préservant ainsi l'intégrité de ses efforts de conformité.
- **Coût et accessibilité** : Le coût du développement et de la mise en œuvre des systèmes d'IA peut être élevé, ce qui limite l'accessibilité pour les petites entreprises et organisations.
  - *Scénario* : Un petit cabinet d'avocats explore des solutions d'IA abordables pour améliorer ses processus de recherche juridique et d'analyse de documents, en trouvant des moyens innovants d'intégrer l'IA dans son budget.

Tendances futures de l'IA dans le domaine juridique et de la conformité

Alors que la technologie de l'IA continue d'évoluer, plusieurs tendances devraient façonner l'avenir du droit et de la conformité :

- **Services juridiques hyperpersonnalisés** : L'IA fournira des services juridiques encore plus personnalisés, en adaptant les conseils et le soutien aux clients et aux cas individuels.
  - *Exemple* : Une plateforme juridique alimentée par l'IA utilise des algorithmes avancés pour fournir des conseils juridiques personnalisés en fonction des besoins et des circonstances spécifiques des clients.

- **Solutions de conformité basées sur l'IA** : L'IA améliorera les solutions de conformité, permettant aux organisations de surveiller et d'assurer le respect des réglementations de manière plus efficace.
  - ○ *Étude de cas* : Un outil de contrôle de la conformité alimenté par l'IA utilise le traitement du langage naturel pour analyser les textes réglementaires et fournir des mises à jour et des recommandations en temps réel pour la conformité.
- **IA éthique** et **responsable** : le secteur mettra davantage l'accent sur l'IA éthique et responsable, en veillant à ce que les systèmes d'IA soient équitables, transparents et respectent les normes juridiques et réglementaires.
  - ○ *Scénario* : Une plateforme juridique adopte des pratiques éthiques en matière d'IA, en veillant à ce que ses algorithmes soient impartiaux et que les données de ses utilisateurs soient protégées.
- **Intégration transparente des outils d'IA** : Les outils d'IA s'intégreront de manière plus transparente dans les flux de travail juridiques et de conformité, améliorant ainsi l'efficacité et la productivité.
  - ○ *Exemple* : Un cabinet d'avocats utilise des outils de recherche juridique et d'analyse de documents alimentés par l'IA qui s'intègrent parfaitement à ses systèmes existants, rationalisant les opérations et améliorant la qualité du service.

Conclusion

L'IA transforme les secteurs du droit et de la conformité en automatisant les tâches de routine, en améliorant les capacités de recherche et en garantissant la conformité réglementaire. De la recherche juridique et de l'analyse des documents au contrôle de la conformité et à la gestion des risques, les technologies de l'IA révolutionnent le mode de fonctionnement des professionnels du droit et des responsables de la conformité. À mesure que la technologie de l'IA continue de progresser, son potentiel de transformation des secteurs du droit et de la conformité ne fera que croître, offrant des possibilités passionnantes pour l'avenir de ces secteurs.

Partie 2 : Applications spécialisées de l'IA

L'IA au service des populations vulnérables

Introduction

L'intelligence artificielle (IA) joue un rôle crucial dans l'amélioration de la qualité de vie des populations vulnérables, notamment les enfants, les personnes âgées et les personnes handicapées. Les technologies de l'IA sont exploitées pour fournir des outils éducatifs, des solutions en matière de soins de santé, une assistance quotidienne et bien d'autres choses encore, rendant les tâches quotidiennes plus faciles et plus gérables. Cette section explore les différentes applications de l'IA pour aider les populations vulnérables, en fournissant des exemples détaillés, des études de cas et un aperçu des avantages et des défis.

L'IA pour les enfants

L'IA améliore l'éducation, la sécurité et le divertissement des enfants, en fournissant des outils qui répondent à leurs besoins uniques et à leurs stades de développement.

- **Outils pédagogiques** : Les plateformes éducatives alimentées par l'IA offrent des expériences d'apprentissage personnalisées, s'adaptant au style et au rythme d'apprentissage de chaque enfant.
    - *Exemple* : La Khan Academy utilise l'IA pour proposer des parcours d'apprentissage personnalisés aux étudiants. Le système d'IA analyse les progrès des élèves et leur propose des exercices et des leçons adaptés à leurs besoins individuels.

- o *Étude de cas* : Une école primaire met en œuvre une plateforme d'apprentissage alimentée par l'IA pour aider les élèves ayant des capacités d'apprentissage diverses. Le système d'IA identifie les domaines dans lesquels les élèves ont besoin d'un soutien supplémentaire et propose des exercices personnalisés, améliorant ainsi les résultats scolaires globaux.
- o *Exemple* : DreamBox Learning utilise l'IA pour créer des cours de mathématiques personnalisés pour les élèves, en adaptant le contenu en fonction de leurs progrès et de leurs performances.
- o *Étude de cas* : Un district scolaire met en œuvre une plateforme d'apprentissage adaptatif alimentée par l'IA pour soutenir les élèves ayant des besoins d'apprentissage divers. La plateforme propose des leçons et des exercices personnalisés, améliorant ainsi l'engagement des élèves et leurs résultats scolaires.
- **Sécurité et surveillance** : Les systèmes d'IA contribuent à assurer la sécurité des enfants en surveillant leurs activités et en émettant des alertes en cas de danger potentiel.
  - o *Scénario* : Un système domestique intelligent utilise l'IA pour surveiller les activités des enfants et alerter les parents en cas de comportement inhabituel, comme une tentative d'accès à des zones restreintes ou le fait de quitter la maison sans surveillance.
  - o *Exemple* : Une application alimentée par l'IA suit les activités en ligne des enfants et fournit aux parents des informations sur leur utilisation d'internet, ce qui les aide à les protéger contre les contenus inappropriés et la cyberintimidation.
  - o *Exemple* : Une application pilotée par l'IA crée des histoires personnalisées pour les enfants à l'heure du coucher, en intégrant leurs noms et leurs préférences pour rendre les histoires plus attrayantes et plus agréables.

- **Divertissement et apprentissage** : L'IA améliore les jouets interactifs et les jeux éducatifs, offrant des expériences attrayantes et éducatives.
  - *Étude de cas* : Un robot-jouet doté d'une intelligence artificielle interagit avec les enfants et leur enseigne les bases de la programmation par le biais de jeux amusants et interactifs. Le système d'IA adapte le contenu en fonction de l'âge et du niveau de compétence de l'enfant, ce qui garantit une expérience d'apprentissage positive.
  - *Exemple* : Osmo utilise l'IA pour combiner le jeu physique et numérique, en créant des jeux éducatifs qui aident les enfants à développer des compétences en mathématiques, en lecture et en créativité.

L'IA pour les personnes âgées

L'IA fournit des outils et des solutions pour aider les personnes âgées à conserver leur indépendance, à gérer leur santé et à améliorer leur qualité de vie.

- **Surveillance de la santé** : Les systèmes de surveillance de la santé alimentés par l'IA suivent les signes vitaux et alertent les soignants ou les professionnels de la santé en cas d'anomalie.
  - *Exemple* : Un dispositif portable basé sur l'IA surveille le rythme cardiaque, la pression artérielle et les niveaux d'activité des personnes âgées. L'appareil envoie des alertes aux soignants si des schémas inhabituels sont détectés, ce qui permet une intervention médicale en temps utile.
  - *Étude de cas* : Une résidence pour personnes âgées met en place un système de surveillance de la santé par IA qui suit les données de santé des résidents et alerte le personnel en cas de problèmes de santé potentiels. Le système permet de prévenir les urgences médicales et d'améliorer la gestion globale de la santé.

- o *Exemple* : Les fonctions de surveillance de la santé de Fitbit utilisent l'IA pour suivre la fréquence cardiaque, les habitudes de sommeil et les niveaux d'activité, afin de fournir des informations sur la santé du porteur et de l'alerter en cas de problèmes potentiels.
- **Assistance quotidienne** : Les assistants virtuels d'IA aident les personnes âgées dans leurs tâches quotidiennes, telles que les rappels de médicaments, la programmation et la communication.
  - o *Scénario* : Un assistant virtuel d'IA rappelle à une personne âgée de prendre ses médicaments, de planifier ses rendez-vous et de communiquer avec les membres de sa famille, l'aidant ainsi à gérer sa routine quotidienne de manière plus efficace.
  - o *Exemple* : Amazon Echo, équipé d'Alexa, aide les utilisateurs âgés en leur fixant des rappels, en répondant à leurs questions et en contrôlant les appareils domestiques intelligents, améliorant ainsi leur indépendance et leur qualité de vie.
- **Compagnonnage et interaction sociale** : Les robots dotés d'IA vous tiennent compagnie et stimulent l'interaction sociale, réduisant ainsi le sentiment de solitude et d'isolement.
  - o *Étude de cas* : Un robot compagnon doté d'une IA interagit avec les personnes âgées, engageant des conversations, jouant à des jeux et leur rappelant des tâches importantes. Le robot contribue à réduire le sentiment de solitude et à stimuler l'esprit des personnes âgées.
  - o *Exemple* : Un chatbot d'IA offre une interaction sociale aux utilisateurs âgés, en les engageant dans des conversations intéressantes et en les mettant en contact avec leur famille et leurs amis.
  - o *Exemple* : ElliQ est un robot compagnon doté d'IA qui engage la conversation avec les personnes âgées, leur rappelle les tâches quotidiennes et leur propose des divertissements, contribuant ainsi à réduire la solitude et à promouvoir le bien-être mental.

L'IA pour les personnes handicapées

L'IA transforme la vie des personnes handicapées en leur fournissant des technologies d'assistance qui renforcent leur indépendance et améliorent leurs expériences quotidiennes.

- **Technologies d'assistance** : Les dispositifs d'assistance alimentés par l'IA aident les personnes handicapées à effectuer des tâches qu'elles pourraient autrement trouver difficiles.
    - *Exemple* : Une prothèse alimentée par l'IA offre une mobilité et une fonctionnalité accrues aux personnes souffrant de différences entre les membres. Le système d'IA apprend des mouvements de l'utilisateur et s'adapte pour offrir un contrôle plus naturel et plus intuitif.
    - *Étude de cas* : Une école pour élèves malvoyants utilise des traducteurs en braille et des lecteurs d'écran alimentés par l'IA, ce qui permet aux élèves d'accéder plus facilement au matériel pédagogique et de participer aux activités de la classe.
    - *Exemple* : Open Bionics développe des prothèses alimentées par l'IA qui s'adaptent aux mouvements de l'utilisateur, améliorant ainsi la fonctionnalité et le contrôle.
    - *Étude de cas* : Un centre de réadaptation fournit des prothèses alimentées par l'IA à des patients souffrant de différences entre les membres. Ces prothèses améliorent la mobilité et l'indépendance des patients, améliorant ainsi leur qualité de vie.
- **Aides à la communication** : Les systèmes d'IA aident les personnes souffrant de troubles de la parole ou de l'audition à communiquer plus efficacement.
    - *Scénario* : Une application de reconnaissance vocale alimentée par l'IA transcrit les mots prononcés en texte, ce qui permet aux personnes malentendantes de comprendre plus facilement les conversations.

- o *Exemple* : Le projet Euphonia de Google utilise l'IA pour améliorer la reconnaissance vocale des personnes souffrant de troubles de l'élocution, ce qui leur permet de communiquer plus efficacement avec les autres.
- o *Exemple* : SignAll utilise l'IA pour traduire la langue des signes en texte, ce qui permet aux personnes malentendantes de communiquer plus facilement avec celles qui ne comprennent pas la langue des signes.
- **Solutions de mobilité** : Les dispositifs de mobilité alimentés par l'IA, tels que les fauteuils roulants intelligents et les systèmes de navigation, améliorent la mobilité et l'indépendance des personnes souffrant d'un handicap physique.
  - o *Étude de cas* : Un fauteuil roulant intelligent alimenté par l'IA aide les utilisateurs à naviguer dans leur environnement, à éviter les obstacles et à trouver les itinéraires les plus efficaces. Le système d'IA améliore l'indépendance et la mobilité de l'utilisateur.
  - o *Exemple* : Une application de navigation basée sur l'IA fournit des conseils pas à pas aux personnes souffrant de déficiences visuelles, les aidant à naviguer dans les espaces publics en toute sécurité et de manière autonome.
  - o *Exemple* : Un fauteuil roulant intelligent équipé d'IA et de capteurs aide les utilisateurs à franchir les obstacles et à se déplacer en toute sécurité dans différents environnements, leur offrant ainsi une plus grande indépendance et une meilleure mobilité.

Soutenir les aidants grâce à l'IA

L'IA apporte également un soutien précieux aux aidants, en les aidant à gérer leurs responsabilités plus efficacement et en réduisant leur charge de travail.

- **Coordination des soins** : Les systèmes d'IA aident à coordonner les soins pour les personnes ayant des besoins complexes, en veillant à ce que tous les soignants soient informés et à jour.

- o *Exemple* : Une plateforme de coordination des soins alimentée par l'IA aide à gérer les soins des personnes âgées, en veillant à ce que tous les soignants, y compris les membres de la famille et les professionnels de la santé, soient informés des besoins et de l'emploi du temps de la personne.
- o *Étude de cas* : Une agence de soins met en place un outil de coordination des soins basé sur l'IA pour gérer les horaires et les tâches de son personnel. Le système d'IA optimise la planification, réduit les chevauchements et garantit que tous les soignants ont accès aux informations les plus récentes concernant leurs clients.

- **Surveillance et alertes** : Les systèmes d'IA surveillent la santé et le bien-être des personnes soignées et alertent les soignants en cas de problème.
  - o *Scénario* : Un système de surveillance alimenté par l'IA suit les signes vitaux d'un patient atteint d'une maladie chronique et alerte le soignant en cas d'anomalie, ce qui permet d'intervenir rapidement.
  - o *Exemple* : Un système domestique intelligent utilise l'IA pour surveiller les activités quotidiennes d'une personne âgée et avertit le soignant en cas d'écart important par rapport à sa routine habituelle, ce qui indique des problèmes de santé potentiels.
  - o *Exemple* : Un système de surveillance basé sur l'IA suit la santé des personnes âgées et envoie des alertes aux soignants si des changements importants sont détectés, ce qui permet d'intervenir et d'apporter un soutien en temps utile.

- **Soutien émotionnel** : L'IA apporte un soutien émotionnel aux aidants, les aidant à gérer le stress et à préserver leur bien-être.
  - o *Étude de cas* : Une application de santé mentale alimentée par l'IA apporte un soutien aux aidants, en leur proposant des techniques de gestion du stress, des exercices de relaxation et un accès à des services de conseil.

L'application aide les aidants à gérer leur bien-être émotionnel et à éviter l'épuisement.

- o *Exemple* : Un chatbot d'IA offre une oreille attentive et une conversation de soutien aux aidants, leur apportant une source de soutien émotionnel et les aidant à faire face aux défis de la prise en charge.
- o *Exemple* : Une application de santé mentale pilotée par l'IA propose des exercices de pleine conscience et des techniques de soulagement du stress pour les soignants, afin de les aider à gérer leur bien-être émotionnel et à réduire le risque d'épuisement professionnel.

Amélioration de la vie familiale grâce aux outils d'IA

Les outils d'IA offrent non seulement des avantages directs aux populations vulnérables, mais ils améliorent également la vie familiale en libérant du temps pour les parents et les soignants, qui peuvent ainsi s'engager de manière plus significative auprès de leurs proches.

- **Gestion du temps** : Les systèmes d'IA automatisent les tâches routinières, ce qui permet aux parents de consacrer plus de temps à leurs enfants.
  - o *Scénario* : Une application de planification alimentée par l'IA aide les parents à gérer leurs tâches quotidiennes, en leur rappelant les rendez-vous, les corvées et les activités. Les parents peuvent ainsi passer plus de temps avec leurs enfants sans craindre d'oublier des tâches importantes.
  - o *Exemple* : Un système de gestion domestique piloté par l'IA automatise les tâches ménagères telles que passer l'aspirateur, entretenir la pelouse et faire les courses, ce qui permet aux parents de consacrer plus de temps à leurs enfants.
- **Amélioration de l'engagement** : Les outils d'IA facilitent l'engagement entre les parents et les enfants en proposant des options d'apprentissage et de divertissement personnalisées.

- o *Étude de cas* : Une famille utilise une plateforme éducative alimentée par l'IA pour faire participer ses enfants à des activités d'apprentissage adaptées à leurs centres d'intérêt et à leurs niveaux de compétence. Les parents peuvent ainsi participer plus efficacement à l'éducation de leurs enfants et passer de bons moments ensemble.
- o *Exemple* : Les jouets et les jeux interactifs alimentés par l'IA proposent des activités éducatives et divertissantes aux enfants, permettant aux parents de s'engager avec leurs enfants de manière significative et amusante.
- **Réduction du stress** : En automatisant les tâches routinières et en apportant un soutien, l'IA réduit le stress et la charge de travail des parents et des soignants, ce qui leur permet d'être plus présents et attentifs.
  - o *Scénario* : Un assistant domestique alimenté par l'IA gère les tâches quotidiennes telles que la cuisine, le nettoyage et l'organisation, réduisant ainsi le stress des parents et leur donnant plus d'énergie pour passer du temps de qualité avec leurs enfants.
  - o *Exemple* : Une famille utilise un système de surveillance de la santé piloté par l'IA pour suivre l'évolution de l'état de santé de son enfant, ce qui permet d'intervenir à temps et de réduire l'anxiété associée à la gestion des maladies chroniques.

Exemples et études de cas

1. L'IA dans les outils éducatifs pour les enfants

- **Plateformes d'apprentissage adaptatif** : Les plateformes alimentées par l'IA s'adaptent au style et au rythme d'apprentissage de chaque enfant, offrant ainsi des expériences éducatives personnalisées.
  - o *Exemple* : DreamBox Learning utilise l'IA pour créer des cours de mathématiques personnalisés pour les élèves, en

adaptant le contenu en fonction de leurs progrès et de leurs performances.

- ○ *Étude de cas* : Un district scolaire met en œuvre une plateforme d'apprentissage adaptatif alimentée par l'IA pour soutenir les élèves ayant des besoins d'apprentissage divers. La plateforme propose des leçons et des exercices personnalisés, améliorant ainsi l'engagement des élèves et leurs résultats scolaires.

- **Outils d'apprentissage interactifs** : L'IA améliore les jouets interactifs et les jeux éducatifs, offrant des expériences attrayantes et éducatives.
  - ○ *Exemple* : Osmo utilise l'IA pour combiner le jeu physique et numérique, en créant des jeux éducatifs qui aident les enfants à développer des compétences en mathématiques, en lecture et en créativité.
  - ○ *Étude de cas* : Un robot-jouet doté d'une intelligence artificielle interagit avec les enfants et leur enseigne les bases de la programmation par le biais de jeux amusants et interactifs. Le système d'IA adapte le contenu en fonction de l'âge et du niveau de compétence de l'enfant, ce qui garantit une expérience d'apprentissage positive.

2. L'IA dans la surveillance de la santé des personnes âgées

- **Appareils de santé portables** : Les dispositifs portables alimentés par l'IA suivent les signes vitaux et émettent des alertes en cas d'anomalie, garantissant ainsi une intervention médicale en temps utile.
  - ○ *Exemple* : Les fonctions de surveillance de la santé de Fitbit utilisent l'IA pour suivre la fréquence cardiaque, les habitudes de sommeil et les niveaux d'activité, afin de fournir des informations sur la santé du porteur et de l'alerter en cas de problèmes potentiels.
  - ○ *Étude de cas* : Un centre d'hébergement utilise des dispositifs portables alimentés par l'IA pour surveiller la santé de ses résidents. Les dispositifs suivent les signes

vitaux et alertent le personnel en cas d'anomalie, ce qui permet une prise en charge médicale rapide et une amélioration de l'état de santé général.

- **Robots de compagnie** : Les robots dotés d'IA offrent de la compagnie et stimulent l'interaction sociale, réduisant ainsi le sentiment de solitude et d'isolement.
  - o *Exemple* : ElliQ est un robot compagnon doté d'IA qui engage la conversation avec les personnes âgées, leur rappelle les tâches quotidiennes et leur propose des divertissements, contribuant ainsi à réduire la solitude et à promouvoir le bien-être mental.
  - o *Étude de cas* : Un robot compagnon doté d'une IA interagit avec les personnes âgées, engageant des conversations, jouant à des jeux et leur rappelant des tâches importantes. Le robot contribue à réduire le sentiment de solitude et à stimuler l'esprit des personnes âgées.

3. L'IA dans les technologies d'assistance aux personnes handicapées

- **Prothèses alimentées par l'IA** : Les prothèses avancées utilisent l'intelligence artificielle pour apprendre des mouvements de l'utilisateur et fournir un contrôle plus naturel.
  - o *Exemple* : Open Bionics développe des prothèses alimentées par l'IA qui s'adaptent aux mouvements de l'utilisateur, améliorant ainsi la fonctionnalité et le contrôle.
  - o *Étude de cas* : Un centre de réadaptation fournit des prothèses alimentées par l'IA à des patients souffrant de différences entre les membres. Ces prothèses améliorent la mobilité et l'indépendance des patients, améliorant ainsi leur qualité de vie.
- **Aides à la communication** : Les systèmes d'IA aident les personnes souffrant de troubles de la parole ou de l'audition à communiquer plus efficacement.
  - o *Exemple* : Le projet Euphonia de Google utilise l'IA pour améliorer la reconnaissance vocale des personnes

souffrant de troubles de l'élocution, ce qui leur permet de communiquer plus efficacement avec les autres.

- ○ *Étude de cas* : Une école pour élèves malvoyants utilise des traducteurs en braille et des lecteurs d'écran alimentés par l'IA, ce qui permet aux élèves d'accéder plus facilement au matériel pédagogique et de participer aux activités de la classe.

L'IA dans les applications spécialisées : Aperçus techniques

L'apprentissage automatique dans l'IA d'assistance

Les algorithmes d'apprentissage automatique analysent de grandes quantités de données afin de créer des solutions personnalisées et adaptatives pour les populations vulnérables.

- **Apprentissage supervisé** : Utilisé pour des tâches telles que la surveillance de la santé, l'apprentissage adaptatif et l'évaluation des risques.
  - ○ *Exemple* : Un système d'IA est entraîné sur un ensemble de données de mesures de santé pour détecter les anomalies dans les signes vitaux des personnes âgées, afin de les alerter en cas de problèmes de santé potentiels.
- **Apprentissage non supervisé** : Aide à découvrir des modèles et des tendances dans les données, fournissant des informations et des recommandations personnalisées.
  - ○ *Scénario* : Un système d'IA utilise l'apprentissage non supervisé pour analyser les habitudes d'apprentissage des enfants et proposer un contenu éducatif personnalisé.
- **Apprentissage par renforcement** : Appliqué dans les systèmes interactifs et adaptatifs, où l'IA apprend et s'adapte en permanence sur la base d'un retour d'information en temps réel.
  - ○ *Étude de cas* : Un fauteuil roulant intelligent alimenté par l'IA utilise l'apprentissage par renforcement pour améliorer la navigation et l'évitement des obstacles, améliorant ainsi la mobilité de l'utilisateur.

Traitement du langage naturel (NLP) dans l'IA assistée

Le NLP permet aux systèmes d'IA de comprendre et de générer du langage humain, améliorant ainsi la communication et l'interaction avec les populations vulnérables.

- **Reconnaissance de la parole** : Les systèmes de PNL transcrivent les mots prononcés en texte, facilitant ainsi la communication pour les personnes souffrant de déficiences auditives.
  - *Exemple* : Une application de reconnaissance vocale alimentée par l'IA transcrit les conversations en temps réel, aidant ainsi les personnes malentendantes à comprendre plus facilement la langue parlée.
- **Génération de langage** : Les systèmes NLP génèrent des réponses en langage naturel, permettant des expériences interactives et attrayantes.
  - *Scénario* : Un chatbot alimenté par l'IA utilise la PNL pour offrir des conversations personnalisées et de soutien aux utilisateurs âgés, réduisant ainsi le sentiment de solitude et d'isolement.

Défis et limites

Malgré son potentiel, l'IA dans l'assistance aux populations vulnérables est confrontée à plusieurs défis :

- **Confidentialité et sécurité des données** : La protection des données sensibles est cruciale, car les systèmes d'IA s'appuient sur de grandes quantités d'informations personnelles.
  - *Scénario* : Un système de surveillance de la santé met en œuvre un cryptage avancé et des contrôles d'accès pour protéger les données de santé des utilisateurs et garantir la conformité avec les réglementations en matière de protection de la vie privée.

- **Intégration aux systèmes existants** : L'intégration des systèmes d'IA dans l'infrastructure existante peut s'avérer complexe et coûteuse.
  - *Étude de cas* : Un district scolaire investit dans la mise à niveau de son infrastructure informatique pour intégrer des outils pédagogiques alimentés par l'IA, ce qui améliore les résultats d'apprentissage mais nécessite des ressources financières importantes.
- **Considérations éthiques** : Il est essentiel d'aborder les questions éthiques, telles que les préjugés dans les algorithmes d'IA et le potentiel de discrimination.
  - *Exemple* : Une plateforme de recrutement alimentée par l'IA vérifie ses algorithmes pour s'assurer qu'ils sont équitables et impartiaux, préservant ainsi l'intégrité de son processus de sélection.
- **Coût et accessibilité** : Le coût du développement et de la mise en œuvre des systèmes d'IA peut être élevé, ce qui limite l'accessibilité pour les petites organisations et les particuliers.
  - *Scénario* : Une organisation à but non lucratif explore des solutions d'IA abordables pour aider les personnes handicapées, en trouvant des moyens innovants d'intégrer l'IA dans son budget.

Tendances futures de l'IA pour l'assistance aux populations vulnérables

Alors que la technologie de l'IA continue d'évoluer, plusieurs tendances devraient façonner l'avenir de l'IA d'assistance :

- **Solutions hyper-personnalisées** : L'IA fournira des solutions encore plus personnalisées, en adaptant le soutien et l'assistance aux besoins et aux préférences de chacun.
  - *Exemple* : Un système de surveillance de la santé alimenté par l'IA utilise des algorithmes avancés pour fournir des recommandations de santé personnalisées basées sur les données de santé uniques des utilisateurs.

- **L'indépendance grâce à l'IA** : L'IA renforcera l'indépendance des populations vulnérables en leur fournissant des outils et des technologies qui leur permettront de gérer leur vie plus efficacement.
  - *Étude de cas* : Un système domestique intelligent alimenté par l'IA fournit une assistance et un soutien quotidiens aux personnes âgées, améliorant ainsi leur indépendance et leur qualité de vie.
- **IA éthique** et responsable : le secteur mettra davantage l'accent sur l'IA éthique et responsable, en veillant à ce que les systèmes d'IA soient équitables, transparents et respectent la vie privée des utilisateurs.
  - *Scénario* : Une entreprise de technologies d'assistance adopte des pratiques éthiques en matière d'IA, en veillant à ce que ses algorithmes soient impartiaux et à ce que les données des utilisateurs soient protégées.
- **Intégration transparente des outils d'IA** : Les outils d'IA s'intégreront de manière plus transparente dans la vie quotidienne, améliorant l'efficacité et la productivité des populations vulnérables.
  - *Exemple* : Un fauteuil roulant intelligent intègre des outils de navigation et de communication alimentés par l'IA, offrant ainsi un soutien complet aux personnes à mobilité réduite.

Conclusion

L'IA joue un rôle crucial dans l'amélioration de la qualité de vie des populations vulnérables, notamment les enfants, les personnes âgées et les personnes handicapées. Qu'il s'agisse d'outils éducatifs personnalisés, de systèmes de surveillance de la santé, de technologies d'assistance ou d'aide au quotidien, les solutions basées sur l'IA transforment la vie des populations vulnérables. À mesure que la technologie de l'IA continue de progresser, son potentiel d'amélioration de l'indépendance, de soutien aux aidants et de fourniture de solutions personnalisées ne fera que croître, offrant des possibilités passionnantes pour l'avenir de l'IA d'assistance.

L'IA pour soutenir les aidants

Introduction

Les aidants jouent un rôle crucial en soutenant les personnes qui ont besoin d'aide en raison de leur âge, d'une maladie ou d'un handicap. Cependant, la prestation de soins peut être exigeante et stressante. Les technologies de l'IA offrent un soutien précieux aux aidants en rationalisant les tâches, en assurant un suivi en temps réel, en apportant un soutien émotionnel et en garantissant une meilleure coordination des soins. Cette section explore les différentes applications de l'IA dans le soutien aux aidants, en fournissant des exemples détaillés, des études de cas et un aperçu des avantages et des défis.

Outils d'IA pour le soutien aux aidants

Les outils d'IA sont conçus pour aider les soignants en automatisant les tâches de routine, en fournissant des alertes et des rappels, et en améliorant la qualité des soins fournis.

- **Automatisation des tâches** : Les systèmes d'IA automatisent les tâches courantes des soignants, telles que la gestion des médicaments, la prise de rendez-vous et le suivi des activités quotidiennes.
    - Exemple : PillPack by Amazon Pharmacy utilise l'IA pour gérer les horaires de prise des médicaments, garantissant ainsi que les patients reçoivent leurs médicaments à temps. Le système envoie des rappels aux soignants et aux patients, ce qui réduit le risque d'oubli de doses.
    - Étude de cas : Une agence de soins met en œuvre un système de gestion des tâches alimenté par l'IA afin d'automatiser les routines de soins quotidiens pour plusieurs clients. Le système planifie et suit les tâches telles que le bain, l'alimentation et l'administration de médicaments, garantissant que toutes les tâches sont

accomplies à temps et réduisant la charge de travail du personnel soignant.

- **Surveillance et alertes en temps réel** : Les systèmes d'IA permettent de surveiller en temps réel les paramètres de santé et les activités quotidiennes, et d'alerter les soignants en cas de problèmes potentiels.
  - *Scénario* : Un dispositif portable alimenté par l'IA surveille le rythme cardiaque, les habitudes de sommeil et les niveaux d'activité d'une personne âgée. L'appareil envoie des alertes en temps réel à l'aidant si des irrégularités sont détectées, ce qui permet d'intervenir rapidement.
  - *Exemple* : L'infirmière virtuelle de Sense.ly utilise l'IA pour surveiller l'état de santé des patients et fournir des mises à jour en temps réel aux soignants. L'infirmière virtuelle interagit avec les patients, suit leurs paramètres de santé et alerte les soignants de tout changement significatif.
- **Coordination des soins** : Les outils d'IA facilitent une meilleure coordination entre les multiples soignants, en veillant à ce que chacun soit informé et à jour.
  - *Étude de cas* : Une famille utilise une plateforme de coordination des soins alimentée par l'IA pour gérer les soins d'un parent âgé. La plateforme intègre les horaires, les dossiers médicaux et les outils de communication, ce qui permet aux membres de la famille et aux soignants professionnels de coordonner efficacement les soins.
  - *Exemple* : Caremerge propose une plateforme de coordination des soins pilotée par l'IA qui met en relation les soignants, les membres de la famille et les prestataires de soins de santé. La plateforme garantit que toutes les personnes impliquées dans le processus de soins ont accès aux informations les plus récentes et peuvent collaborer efficacement.

Soutien émotionnel aux aidants

La prestation de soins peut être éprouvante sur le plan émotionnel. Les technologies de l'IA offrent un soutien émotionnel en fournissant des ressources en santé mentale, des outils de gestion du stress et une compagnie virtuelle.

- **Ressources en santé mentale** : Les applications de santé mentale alimentées par l'IA offrent des ressources et un soutien aux aidants, les aidant à gérer le stress et les défis émotionnels.
  - *Exemple* : Wysa est une application de santé mentale pilotée par l'IA qui permet aux aidants d'accéder à des techniques de gestion du stress, à des exercices de pleine conscience et à des conseils virtuels. L'application offre un soutien personnalisé en fonction de l'état émotionnel et des besoins de l'aidant.
  - *Étude de cas* : Une organisation d'aide aux aidants offre à ses employés l'accès à une plateforme de santé mentale alimentée par l'IA. La plateforme fournit des ressources pour gérer le stress, faire face à l'épuisement professionnel et rechercher des conseils professionnels, ce qui améliore le bien-être des aidants et la satisfaction au travail.
- **Compagnonnage virtuel** : Les chatbots d'IA et les compagnons virtuels apportent un soutien émotionnel et de la compagnie, réduisant ainsi le sentiment d'isolement et de solitude chez les aidants.
  - *Scénario* : Un chatbot d'IA interagit avec un soignant, lui offrant une oreille attentive et une conversation de soutien. Le chatbot aide l'aidant à gérer ses sentiments et lui apporte un sentiment de compagnie dans les moments difficiles.
  - *Exemple* : Replika est un chatbot d'IA qui offre un soutien émotionnel et de la compagnie aux aidants. Le chatbot s'engage dans des conversations significatives, aidant les aidants à se sentir compris et soutenus.

Amélioration des soins grâce à des informations basées sur l'IA

L'IA fournit aux soignants des informations précieuses sur la santé et le bien-être des personnes dont ils s'occupent, ce qui leur permet de prodiguer des soins plus éclairés et plus proactifs.

- **Analyse prédictive** : Les systèmes d'IA analysent les données de santé pour prédire les problèmes de santé potentiels, ce qui permet aux soignants de prendre des mesures préventives.
    - *Exemple* : Bay Labs utilise l'IA pour analyser les échocardiogrammes et prédire le risque de maladie cardiaque. Les soignants peuvent utiliser ces informations pour surveiller la santé cardiaque des patients âgés et prendre des mesures préventives si nécessaire.
    - *Étude de cas* : Un service de soins à domicile utilise l'analyse prédictive alimentée par l'IA pour surveiller la santé des patients atteints de maladies chroniques. Le système d'IA identifie des schémas et prédit des problèmes de santé potentiels, ce qui permet aux soignants d'intervenir rapidement et de prévenir les complications.
- **Perspectives comportementales** : L'IA analyse les schémas d'activités et de comportements quotidiens, fournissant aux soignants des informations sur le bien-être mental et physique de leurs patients.
    - *Scénario* : Un système d'intelligence artificielle surveille les activités quotidiennes d'une personne âgée et identifie les changements dans sa routine qui peuvent indiquer des problèmes de santé. Le système avertit le soignant de ces changements, ce qui lui permet d'intervenir à temps.
    - *Exemple* : Un système de surveillance à domicile alimenté par l'IA suit les activités quotidiennes des personnes atteintes de démence, fournissant aux soignants des informations sur leur comportement et les alertant de tout changement significatif.
- **Plans de soins personnalisés** : Les systèmes d'IA élaborent des plans de soins personnalisés en fonction des données de santé et

des préférences de chacun, ce qui garantit que les soins sont adaptés aux besoins de chaque personne.

- o *Étude de cas* : Une maison de retraite utilise un outil de planification des soins piloté par l'IA pour créer des plans de soins personnalisés pour ses résidents. L'outil analyse les dossiers médicaux, les préférences et les habitudes quotidiennes pour élaborer des plans de soins qui répondent aux besoins uniques de chaque résident.
- o *Exemple* : Une plateforme de gestion des soins alimentée par l'IA crée des plans de soins personnalisés pour les personnes âgées, en tenant compte de leur état de santé, de leurs préférences et de leurs habitudes quotidiennes. La plateforme aide les soignants à fournir des soins plus personnalisés et plus efficaces.

Exemples et études de cas

1. L'IA dans la coordination des soins

- **Caremerge** : Une plateforme de coordination des soins pilotée par l'IA qui met en relation les soignants, les membres de la famille et les prestataires de soins de santé. Elle garantit que toutes les personnes impliquées dans le processus de soins ont accès aux informations les plus récentes et peuvent collaborer efficacement.
  - o *Exemple* : Une famille utilise Caremerge pour gérer les soins d'un parent âgé. La plateforme intègre les horaires, les dossiers médicaux et les outils de communication, ce qui permet aux membres de la famille et aux soignants professionnels de coordonner efficacement les soins.
  - o *Étude de cas* : Une résidence pour personnes âgées met en œuvre Caremerge pour améliorer la coordination des soins au sein de son personnel. La plateforme aide les membres du personnel à partager des informations, à suivre les tâches et à communiquer plus efficacement, ce qui permet d'améliorer les soins et la satisfaction des résidents.

2. L'IA dans le soutien aux aidants en matière de santé mentale

- **Wysa** : Une application de santé mentale pilotée par l'IA qui permet aux aidants d'accéder à des techniques de gestion du stress, à des exercices de pleine conscience et à des conseils virtuels. L'application offre un soutien personnalisé en fonction de l'état émotionnel et des besoins de l'aidant.
  - *Exemple* : Un aidant utilise Wysa pour gérer son stress et faire face aux défis émotionnels liés à son rôle d'aidant. L'application fournit un soutien personnalisé, aidant l'aidant à maintenir son bien-être.
  - *Étude de cas* : Une organisation de soins offre à ses employés l'accès à Wysa. La plateforme fournit des ressources pour gérer le stress, faire face à l'épuisement professionnel et rechercher des conseils professionnels, ce qui améliore le bien-être des soignants et leur satisfaction au travail.

3. L'IA dans l'analyse prédictive pour la surveillance de la santé

- **Bay Labs** : Utilise l'IA pour analyser les échocardiogrammes et prédire le risque de maladie cardiaque. Les soignants peuvent utiliser ces informations pour surveiller la santé cardiaque des patients âgés et prendre des mesures préventives si nécessaire.
  - *Exemple* : Un service de soins à domicile utilise l'analyse prédictive alimentée par l'IA de Bay Labs pour surveiller la santé cardiaque des patients âgés. Le système d'IA identifie les schémas et prédit les problèmes de santé potentiels, ce qui permet aux soignants d'intervenir rapidement et de prévenir les complications.
  - *Étude de cas* : Un hôpital utilise Bay Labs pour analyser les échocardiogrammes et prédire les risques de maladies cardiaques chez les patients. Le système d'IA aide l'équipe médicale à identifier les patients à haut risque et à prendre des mesures préventives, améliorant ainsi les résultats pour les patients et réduisant les coûts des soins de santé.

L'IA dans les soins : Perspectives techniques

L'apprentissage automatique dans l'IA des soins

Les algorithmes d'apprentissage automatique analysent de grandes quantités de données pour créer des solutions personnalisées et adaptatives pour les soignants et leurs patients.

- **Apprentissage supervisé** : Utilisé pour des tâches telles que la surveillance de la santé, l'analyse prédictive et l'évaluation des risques.
  - *Exemple* : Un système d'IA est entraîné sur un ensemble de données de mesures de santé pour détecter les anomalies dans les signes vitaux des personnes âgées, afin de les alerter en cas de problèmes de santé potentiels.
- **Apprentissage non supervisé** : Aide à découvrir des modèles et des tendances dans les données, fournissant des informations et des recommandations personnalisées.
  - *Scénario* : Un système d'IA utilise l'apprentissage non supervisé pour analyser les niveaux de stress des soignants et suggérer des techniques de gestion du stress personnalisées.
- **Apprentissage par renforcement** : Appliqué dans les systèmes interactifs et adaptatifs, où l'IA apprend et s'adapte en permanence sur la base d'un retour d'information en temps réel.
  - *Étude de cas* : Un système de surveillance à domicile alimenté par l'IA utilise l'apprentissage par renforcement pour améliorer sa capacité à détecter les changements dans les comportements et les conditions de santé des patients, améliorant ainsi le soutien aux soignants.

Traitement du langage naturel (NLP) dans l'IA des soins

La PNL permet aux systèmes d'IA de comprendre et de générer du langage humain, améliorant ainsi la communication et l'interaction entre les soignants et les patients.

- **Reconnaissance de la parole** : Les systèmes NLP transcrivent les mots prononcés en texte, facilitant ainsi la communication pour les soignants et les patients souffrant de déficiences auditives.
  - *Exemple* : Une application de reconnaissance vocale alimentée par l'IA transcrit les conversations en temps réel, aidant ainsi les soignants à communiquer plus efficacement avec les patients souffrant de déficiences auditives.
- **Génération de langage** : Les systèmes NLP génèrent des réponses en langage naturel, ce qui permet des expériences interactives et attrayantes.
  - *Scénario* : Un chatbot alimenté par l'IA utilise la PNL pour fournir des conversations personnalisées et de soutien aux soignants, les aidant à gérer le stress et les défis émotionnels.

Défis et limites

Malgré son potentiel, l'IA dans le domaine des soins est confrontée à plusieurs défis :

- **Confidentialité et sécurité des données** : La protection des données sensibles relatives à la santé et aux soins est cruciale, car les systèmes d'IA reposent sur de grandes quantités d'informations personnelles.
  - *Scénario* : Une plateforme de soins met en œuvre un cryptage avancé et des contrôles d'accès pour protéger les données de santé des utilisateurs et garantir la conformité avec les réglementations en matière de protection de la vie privée.
- **Intégration aux systèmes existants** : L'intégration des systèmes d'IA dans l'infrastructure de soins existante peut s'avérer complexe et coûteuse.
  - *Étude de cas* : Une maison de retraite investit dans la mise à niveau de son infrastructure informatique pour intégrer des outils de soins alimentés par l'IA, ce qui améliore les

résultats des soins mais nécessite d'importantes ressources financières.

- **Considérations éthiques** : Il est essentiel d'aborder les questions éthiques, telles que les préjugés dans les algorithmes d'IA et le potentiel de discrimination.
  - *Exemple* : Une plateforme de surveillance de la santé alimentée par l'IA vérifie ses algorithmes pour s'assurer qu'ils sont justes et impartiaux, préservant ainsi l'intégrité de ses services.
- **Coût et accessibilité** : Le coût du développement et de la mise en œuvre des systèmes d'IA peut être élevé, ce qui limite l'accessibilité pour les petites organisations de soins et les familles.
  - *Scénario* : Un organisme de soins à but non lucratif explore des solutions d'IA abordables pour soutenir ses clients, en trouvant des moyens innovants d'intégrer l'IA dans son budget.

Tendances futures de l'IA pour les soins

Alors que la technologie de l'IA continue d'évoluer, plusieurs tendances devraient façonner l'avenir de l'IA dans le domaine des soins :

- **Soins hyperpersonnalisés** : L'IA fournira des solutions de soins encore plus personnalisées, en adaptant le soutien et l'assistance aux besoins et aux préférences de chacun.
  - *Exemple* : Un système de surveillance de la santé alimenté par l'IA utilise des algorithmes avancés pour fournir des recommandations de santé personnalisées basées sur les données de santé uniques des utilisateurs.
- **L'indépendance grâce à l'IA** : L'IA renforcera l'indépendance des personnes recevant des soins, en leur fournissant des outils et des technologies qui leur permettront de gérer leur vie plus efficacement.
  - *Étude de cas* : Un système domestique intelligent alimenté par l'IA fournit une assistance et un soutien quotidiens aux

personnes âgées, améliorant ainsi leur indépendance et leur qualité de vie.

- **IA éthique** et **responsable** : le secteur mettra davantage l'accent sur l'IA éthique et responsable, en veillant à ce que les systèmes d'IA soient équitables, transparents et respectent la vie privée des utilisateurs.
  - ○ *Scénario* : Une entreprise de technologies d'assistance adopte des pratiques éthiques en matière d'IA, en veillant à ce que ses algorithmes soient impartiaux et à ce que les données des utilisateurs soient protégées.
- **Intégration transparente des outils d'IA** : Les outils d'IA s'intégreront de manière plus transparente dans les flux de travail des soignants, améliorant ainsi leur efficacité et leur productivité.
  - ○ *Exemple* : Une plateforme de soins intègre des outils de surveillance de la santé et de coordination des soins alimentés par l'IA, offrant un soutien complet aux soignants et améliorant les résultats des soins.

Conclusion

L'IA joue un rôle crucial dans le soutien aux aidants en rationalisant les tâches, en assurant un suivi en temps réel, en offrant un soutien émotionnel et en garantissant une meilleure coordination des soins. De l'automatisation des tâches à l'analyse prédictive, en passant par les ressources en santé mentale et la compagnie virtuelle, les solutions alimentées par l'IA transforment l'expérience des soignants. À mesure que la technologie de l'IA continue de progresser, son potentiel pour renforcer le soutien aux soignants, améliorer les résultats pour les patients et fournir des soins personnalisés ne fera que croître, offrant des possibilités passionnantes pour l'avenir de l'IA dans le domaine des soins.

L'IA dans le domaine de la santé mentale

Introduction

La santé mentale est un aspect essentiel du bien-être général, mais elle est souvent négligée ou stigmatisée. L'intelligence artificielle (IA) apparaît comme un outil puissant pour relever les défis de la santé mentale en proposant des solutions accessibles, personnalisées et efficaces. Qu'il s'agisse de thérapies et de conseils fondés sur l'IA, de suivi de la santé mentale ou de détection précoce, les technologies de l'IA sont en train de transformer le paysage de la santé mentale. Cette section explore les diverses applications de l'IA dans le domaine de la santé mentale, en fournissant des exemples détaillés, des études de cas et un aperçu des avantages et des défis.

L'IA pour la thérapie et le conseil

Les outils alimentés par l'IA rendent le soutien à la santé mentale plus accessible en proposant des thérapies et des conseils par le biais de plateformes numériques.

- **Chatbots d'IA et thérapeutes virtuels** : Les chatbots d'IA et les thérapeutes virtuels offrent un soutien immédiat, 24 heures sur 24, aux personnes à la recherche d'une aide en matière de santé mentale.
    - *Exemple* : Woebot est un chatbot d'IA qui propose aux utilisateurs des techniques de thérapie cognitivo-comportementale (TCC). Le chatbot s'engage dans des conversations, offrant un soutien et des conseils pour aider les utilisateurs à gérer leur santé mentale.
    - *Étude de cas* : Une université met en œuvre Woebot en tant que ressource supplémentaire de santé mentale pour les étudiants. Le chatbot d'IA fournit un soutien immédiat et des techniques de TCC, aidant les étudiants à gérer le stress et l'anxiété pendant les périodes d'examen.

- **Plates-formes de téléthérapie** : L'IA améliore les plateformes de téléthérapie en fournissant des outils qui aident les thérapeutes à fournir des soins plus efficaces et personnalisés.
  - *Scénario* : Une plateforme de téléthérapie alimentée par l'IA utilise le traitement du langage naturel (NLP) pour analyser les séances de thérapie et fournir aux thérapeutes des informations sur les émotions et les états mentaux de leurs patients. Cela permet aux thérapeutes d'adapter leurs approches et leurs interventions de manière plus efficace.
  - *Exemple* : Ginger est une plateforme de santé mentale qui utilise l'IA pour analyser les données des utilisateurs et fournir des recommandations personnalisées aux thérapeutes. La plateforme aide les thérapeutes à mieux comprendre leurs patients et à fournir des soins plus efficaces.
- **Thérapie par la réalité augmentée (RA) et la réalité virtuelle (RV)** : L'IA améliore la thérapie par la réalité augmentée et la réalité virtuelle en créant des environnements immersifs permettant aux patients d'explorer et de confronter leurs problèmes de santé mentale dans un cadre contrôlé et sûr.
  - *Exemple* : Limbix utilise la RV et l'IA pour proposer une thérapie d'exposition aux patients souffrant de troubles anxieux. Les patients affrontent leurs peurs dans un environnement virtuel, guidés par l'IA pour garantir une expérience thérapeutique.
  - *Étude de cas* : Une clinique de santé mentale intègre Limbix dans son plan de traitement pour les patients souffrant de SSPT. La thérapie par RV améliorée par l'IA aide les patients à affronter et à surmonter progressivement leurs souvenirs traumatiques dans un environnement sûr et contrôlé, ce qui entraîne une réduction significative des symptômes.

L'IA dans le suivi de la santé mentale et la détection précoce

Les systèmes d'IA améliorent le suivi de la santé mentale et permettent une détection précoce des problèmes potentiels en analysant des données provenant de diverses sources.

- **Appareils et applications portables** : Les dispositifs et applications portables alimentés par l'IA surveillent les indicateurs physiologiques et comportementaux de la santé mentale et fournissent un retour d'information et des alertes en temps réel.
    - *Exemple* : Spire est un dispositif portable qui surveille les schémas respiratoires pour détecter les niveaux de stress. L'appareil envoie des alertes en temps réel aux utilisateurs, les encourageant à faire des exercices de relaxation lorsque des niveaux de stress élevés sont détectés.
    - *Étude de cas* : Un programme de bien-être en entreprise intègre des appareils Spire pour les employés. Le système d'IA surveille les niveaux de stress et fournit des recommandations personnalisées pour la gestion du stress, ce qui améliore le bien-être et la productivité des employés.
- **Analyse des médias sociaux et de l'activité en ligne** : L'IA analyse les médias sociaux et l'activité en ligne pour identifier les signes de problèmes de santé mentale, ce qui permet une intervention précoce.
    - *Scénario* : Un système d'intelligence artificielle analyse les messages publiés sur les médias sociaux afin d'identifier les modèles de langage et les comportements indiquant une dépression ou une anxiété. Le système alerte les professionnels de la santé mentale sur les utilisateurs susceptibles d'avoir besoin d'aide, ce qui permet d'intervenir en temps utile.
    - *Exemple* : Mindstrong Health utilise l'IA pour analyser les habitudes d'utilisation des smartphones des utilisateurs et détecter les changements de comportement qui peuvent indiquer des problèmes de santé mentale. La plateforme

fournit des informations et des recommandations aux utilisateurs et à leurs prestataires de soins de santé.

- **Suivi par smartphone** : Des applications pilotées par l'IA sur les smartphones suivent le comportement des utilisateurs, leurs modes de communication et leurs niveaux d'activité afin de détecter d'éventuels problèmes de santé mentale.
    - o *Exemple* : L'application Mindstrong Health surveille la façon dont les utilisateurs interagissent avec leur téléphone, en analysant la vitesse de frappe, la fréquence des communications et l'utilisation des applications afin d'identifier les signes précoces d'un déclin de la santé mentale.
    - o *Étude de cas* : Une étude utilisant l'application Mindstrong Health révèle que le système d'IA peut prédire les épisodes de dépression et de troubles bipolaires en analysant les changements dans les schémas d'interaction des utilisateurs avec leur smartphone, ce qui permet des interventions opportunes et efficaces.

Interventions personnalisées en matière de santé mentale

L'IA permet de développer des interventions personnalisées en matière de santé mentale en fonction des besoins et des préférences de chacun.

- **Plans thérapeutiques personnalisables** : Les systèmes d'IA créent des plans thérapeutiques personnalisés en analysant les données et les préférences des utilisateurs, ce qui garantit que les interventions sont adaptées à leurs besoins spécifiques.
    - o *Exemple* : Joyable utilise l'IA pour proposer des programmes de TCC personnalisés aux utilisateurs. La plateforme adapte le contenu de la thérapie en fonction des données fournies par l'utilisateur et de ses progrès, afin que chaque utilisateur reçoive un plan de traitement personnalisé.
    - o *Etude de cas* : Une clinique de santé mentale met en œuvre Joyable pour fournir des programmes personnalisés

de TCC à ses patients. Le système d'IA analyse les données des patients et personnalise les plans de thérapie, ce qui améliore les résultats du traitement et la satisfaction des patients.

- **Algorithmes d'apprentissage adaptatif** : Les systèmes d'IA s'adaptent aux progrès et aux commentaires des utilisateurs, ce qui permet d'optimiser en permanence les interventions en matière de santé mentale.
  - o *Scénario* : Une application de santé mentale alimentée par l'IA utilise des algorithmes d'apprentissage adaptatif pour ajuster le contenu de la thérapie et les exercices en fonction des progrès et des commentaires des utilisateurs. Cela garantit que les interventions restent pertinentes et efficaces au fil du temps.
  - o *Exemple* : Wysa utilise l'IA pour adapter son soutien à la santé mentale en fonction des interactions avec l'utilisateur. L'application propose des exercices et des techniques personnalisés qui évoluent en fonction des besoins et des progrès de l'utilisateur.
- **Perspectives comportementales** : L'IA analyse les schémas d'activités et de comportements quotidiens, fournissant aux soignants et aux professionnels de la santé mentale des informations sur le bien-être mental et physique de leurs patients.
  - o *Scénario* : Un système d'intelligence artificielle surveille les activités quotidiennes d'une personne âgée et identifie les changements dans sa routine qui peuvent indiquer des problèmes de santé. Le système avertit le soignant de ces changements, ce qui lui permet d'intervenir à temps.
  - o *Exemple* : Un système de surveillance à domicile alimenté par l'IA suit les activités quotidiennes des personnes atteintes de démence, fournissant aux soignants des informations sur leur comportement et les alertant de tout changement significatif.

Études de cas et exemples

1. L'IA dans le suivi de la santé mentale

- **Mindstrong Health** : Utilise l'IA pour analyser les habitudes d'utilisation des smartphones des utilisateurs et détecter les changements de comportement qui peuvent indiquer des problèmes de santé mentale. La plateforme fournit des informations et des recommandations aux utilisateurs et à leurs prestataires de soins de santé.
  - *Exemple* : Mindstrong Health aide les utilisateurs à surveiller leur santé mentale en analysant les interactions de leur smartphone. Le système d'IA détecte les changements de comportement et fournit des alertes précoces, ce qui permet aux utilisateurs de demander de l'aide avant que les problèmes ne s'aggravent.
  - *Étude de cas* : Un institut de recherche en santé mentale s'associe à Mindstrong Health pour étudier l'efficacité de l'IA dans la détection précoce des problèmes de santé mentale. L'étude montre que le système d'IA peut identifier avec précision les signes précoces de dépression et d'anxiété, ce qui permet d'intervenir à temps et d'améliorer les résultats.
- **Spire** : Un dispositif portable qui surveille les schémas respiratoires pour détecter les niveaux de stress. L'appareil envoie des alertes en temps réel aux utilisateurs, les encourageant à faire des exercices de relaxation lorsque des niveaux de stress élevés sont détectés.
  - *Exemple* : Spire aide les utilisateurs à gérer leur stress en surveillant leur respiration et en envoyant des alertes en temps réel. Le système d'IA encourage les utilisateurs à faire des exercices de relaxation lorsqu'il détecte un niveau de stress élevé.
  - *Étude de cas* : Un programme de bien-être en entreprise intègre des appareils Spire pour les employés. Le système d'IA surveille les niveaux de stress et fournit des

recommandations personnalisées pour la gestion du stress, ce qui améliore le bien-être et la productivité des employés.

2. L'IA dans les interventions personnalisées en santé mentale

- **Joyable** : Fournit des programmes de TCC personnalisés pour les utilisateurs en utilisant l'IA. La plateforme adapte le contenu de la thérapie en fonction des données fournies par l'utilisateur et de ses progrès, ce qui garantit que chaque utilisateur reçoit un plan de traitement personnalisé.
    - *Exemple* : Joyable aide les utilisateurs à gérer l'anxiété et la dépression en leur proposant des programmes de TCC personnalisés. Le système d'IA adapte le contenu aux besoins de l'utilisateur, ce qui permet d'obtenir des résultats thérapeutiques plus efficaces.
    - *Etude de cas* : Une clinique de santé mentale met en œuvre Joyable pour fournir des programmes personnalisés de TCC à ses patients. Le système d'IA analyse les données des patients et personnalise les plans de thérapie, ce qui permet d'améliorer les résultats du traitement et la satisfaction des patients.
- **Wysa** : Une application de santé mentale alimentée par l'IA qui adapte son soutien en fonction des interactions de l'utilisateur. L'application propose des exercices et des techniques personnalisés qui évoluent en fonction des besoins et des progrès de l'utilisateur.
    - *Exemple* : Wysa utilise l'IA pour adapter son soutien à la santé mentale en fonction des interactions de l'utilisateur. L'application propose des exercices et des techniques personnalisés qui évoluent en fonction des besoins et des progrès de l'utilisateur.
    - *Étude de cas* : Une personne utilise Wysa pour gérer son anxiété. Le système d'IA fournit un soutien personnalisé et adapte les exercices en fonction des progrès de

l'utilisateur, ce qui permet d'améliorer considérablement sa santé mentale.

Aperçu technique

L'apprentissage automatique dans le domaine de la santé mentale

Les algorithmes d'apprentissage automatique analysent de grandes quantités de données afin de créer des solutions personnalisées et adaptatives pour le soutien à la santé mentale.

- **Apprentissage supervisé** : Utilisé pour des tâches telles que la détection des problèmes de santé mentale, l'analyse des séances de thérapie et la prédiction des résultats des traitements.
  - *Exemple* : Un système d'IA est entraîné sur un ensemble de données de transcriptions de séances de thérapie afin d'identifier les modèles de langage associés à la dépression et à l'anxiété, ce qui permet aux thérapeutes d'en tirer des enseignements.
- **Apprentissage non supervisé** : Aide à découvrir des modèles et des tendances dans les données, ce qui permet de mieux comprendre les conditions et les interventions en matière de santé mentale.
  - *Scénario* : Un système d'IA utilise l'apprentissage non supervisé pour analyser les messages des médias sociaux et identifier les modèles de langage communs aux personnes souffrant de problèmes de santé mentale, afin de fournir des alertes précoces en vue d'une intervention.
- **Apprentissage par renforcement** : Appliqué dans les systèmes interactifs et adaptatifs, où l'IA apprend et s'adapte en permanence sur la base d'un retour d'information en temps réel.
  - *Étude de cas* : Une application de santé mentale alimentée par l'IA utilise l'apprentissage par renforcement pour améliorer sa capacité à fournir un soutien et des interventions personnalisés, améliorant ainsi les résultats des utilisateurs au fil du temps.

Traitement du langage naturel (NLP) dans le domaine de l'IA en santé mentale

La PNL permet aux systèmes d'IA de comprendre et de générer du langage humain, améliorant ainsi la communication et l'interaction dans le cadre de l'aide à la santé mentale.

- **Analyse des sentiments** : Les systèmes NLP analysent le texte et la parole pour évaluer les sentiments et les états émotionnels, ce qui permet de mieux comprendre la santé mentale des utilisateurs.
  - *Exemple* : Une plateforme de santé mentale alimentée par l'IA utilise l'analyse des sentiments pour évaluer les entrées de journal des utilisateurs et fournir un retour d'information sur leur bien-être émotionnel.
- **Génération de langage** : Les systèmes NLP génèrent des réponses en langage naturel, ce qui permet des expériences interactives et attrayantes.
  - *Scénario* : Un chatbot d'IA utilise le NLP pour engager des conversations avec les utilisateurs sur leur santé mentale, en leur apportant un soutien et des conseils basés sur les données fournies par les utilisateurs.

Défis et limites

Malgré son potentiel, l'IA dans le domaine de la santé mentale est confrontée à plusieurs défis :

- **Confidentialité et sécurité des données** : La protection des données sensibles relatives à la santé mentale est cruciale, car les systèmes d'IA s'appuient sur de grandes quantités d'informations personnelles.
  - *Scénario* : Une plateforme de santé mentale met en œuvre un cryptage avancé et des contrôles d'accès pour protéger les données des utilisateurs et garantir la conformité avec les réglementations en matière de confidentialité.

- **Intégration aux systèmes existants** : L'intégration des systèmes d'IA à l'infrastructure de santé mentale existante peut s'avérer complexe et coûteuse.
  - Étude de cas : Une clinique de santé mentale investit dans la mise à niveau de son infrastructure informatique pour intégrer des outils de santé mentale alimentés par l'IA, ce qui améliore les résultats pour les patients mais nécessite d'importantes ressources financières.
- **Considérations éthiques** : Il est essentiel d'aborder les questions éthiques, telles que la partialité des algorithmes d'IA et le risque d'erreur de diagnostic.
  - Exemple : Une plateforme de santé mentale alimentée par l'IA vérifie ses algorithmes pour s'assurer qu'ils sont justes et impartiaux, ce qui permet de maintenir l'intégrité de ses services.
- **Coût et accessibilité** : Le coût du développement et de la mise en œuvre des systèmes d'IA peut être élevé, ce qui limite l'accessibilité des petites organisations de santé mentale et des particuliers.
  - Scénario : Un organisme de santé mentale à but non lucratif explore des solutions d'IA abordables pour soutenir ses clients, en trouvant des moyens innovants d'intégrer l'IA dans son budget.

Tendances futures de l'IA pour la santé mentale

Alors que la technologie de l'IA continue d'évoluer, plusieurs tendances devraient façonner l'avenir de l'IA dans le domaine de la santé mentale :

- **Soutien hyperpersonnalisé à la santé mentale** : L'IA fournira des solutions de santé mentale encore plus personnalisées, en adaptant le soutien et les interventions aux besoins et aux préférences de chacun.
  - Exemple : Une application de santé mentale alimentée par l'IA utilise des algorithmes avancés pour fournir des

recommandations personnalisées basées sur les données uniques de santé mentale des utilisateurs.

- **Détection précoce grâce à l'IA** : L'IA améliorera la détection précoce des problèmes de santé mentale, ce qui permettra d'intervenir à temps et d'éviter l'aggravation de la situation.
  - *Étude de cas* : Une plateforme de santé mentale alimentée par l'IA développe des algorithmes avancés de détection précoce qui identifient les signes de problèmes de santé mentale dans les activités en ligne des utilisateurs, ce qui conduit à un soutien et à une intervention proactifs.
- **IA éthique** et responsable : le secteur mettra davantage l'accent sur l'IA éthique et responsable, en veillant à ce que les systèmes d'IA soient équitables, transparents et respectent la vie privée des utilisateurs.
  - *Scénario* : Une plateforme de santé mentale adopte des pratiques éthiques en matière d'IA, en veillant à ce que ses algorithmes soient impartiaux et que les données de ses utilisateurs soient protégées.
- **Intégration transparente des outils d'IA** : Les outils d'IA s'intégreront de manière plus transparente dans les flux de travail de la santé mentale, améliorant ainsi l'efficacité et l'efficience des professionnels de la santé mentale.
  - *Exemple* : Une clinique de santé mentale intègre des outils de thérapie et de suivi alimentés par l'IA, ce qui permet d'apporter un soutien complet aux patients et d'améliorer les résultats des traitements.

Conclusion

L'IA transforme le paysage de la santé mentale en proposant des solutions accessibles, personnalisées et efficaces. Qu'il s'agisse de thérapies et de conseils fondés sur l'IA, de suivi de la santé mentale ou de détection précoce, les technologies de l'IA permettent de relever les défis de la santé mentale de manière innovante. Au fur et à mesure que la technologie de l'IA progresse, son potentiel pour renforcer le soutien à la santé mentale, améliorer les résultats pour les patients et fournir des interventions personnalisées ne fera que croître, offrant des possibilités passionnantes pour l'avenir de l'IA dans le domaine de la santé mentale.

Partie 3 : Mise en œuvre pratique de l'IA

Démarrer avec l'IA à la maison

Introduction

L'intégration de l'intelligence artificielle (IA) dans la vie quotidienne peut considérablement améliorer la commodité, la sécurité et la productivité à la maison. Qu'il s'agisse d'appareils domestiques intelligents, d'assistants personnels, d'outils de surveillance de la santé ou d'outils éducatifs, les technologies de l'IA offrent une gamme d'applications qui peuvent transformer la vie quotidienne. Cette section fournit un guide étape par étape pour commencer à utiliser l'IA à la maison, en explorant les outils et plateformes recommandés, les conseils pratiques et les meilleures pratiques.

Guide étape par étape de l'intégration de l'IA à la maison

1. Évaluez vos besoins et vos objectifs

Avant d'intégrer l'IA dans votre maison, il est essentiel d'identifier vos besoins et objectifs spécifiques. Examinez les domaines suivants dans lesquels l'IA peut vous apporter des avantages :

- **Automatisation de la maison** : Automatisation des tâches routinières et contrôle des appareils ménagers.
- **Sécurité et surveillance** : Amélioration de la sécurité domestique grâce à des caméras intelligentes et des systèmes de surveillance.
- **Santé et bien-être** : Suivi des indicateurs de santé et promotion d'habitudes saines.
- **Divertissement** : Personnalisation des expériences de divertissement et gestion des médias.

- **L'éducation** : Soutenir l'apprentissage et le développement grâce à des outils éducatifs personnalisés.

2. Choisir les bons appareils et plateformes d'IA

Une fois que vous avez identifié vos besoins, recherchez et sélectionnez les dispositifs et les plateformes d'IA qui répondent le mieux à vos exigences.

- **Assistants domestiques intelligents** : Des appareils comme Amazon Echo (Alexa), Google Nest (Google Assistant) et Apple HomePod (Siri) offrent une assistance à commande vocale pour diverses tâches.
    - *Exemple* : Amazon Echo avec Alexa peut contrôler les appareils domestiques intelligents, fournir des informations météorologiques, jouer de la musique et programmer des rappels.
    - *Étude de cas* : Une famille utilise Google Nest pour gérer ses appareils domestiques intelligents, contrôler l'éclairage, régler les thermostats et recevoir des rappels personnalisés, améliorant ainsi le confort et l'efficacité énergétique.
- **Systèmes de sécurité intelligents** : Les systèmes de sécurité alimentés par l'IA offrent une surveillance en temps réel, des alertes et un accès à distance.
    - *Exemple* : Ring et Nest Hello sont des sonnettes de porte dotées d'IA qui offrent des flux vidéo en temps réel, la détection de mouvement et l'accès à distance via des applications mobiles.
    - *Étude de cas* : Un propriétaire installe un système de sécurité Ring, qui utilise l'IA pour détecter les activités inhabituelles et envoyer des alertes sur son smartphone. Le système améliore la sécurité de la maison et apporte la tranquillité d'esprit.
- **Appareils de santé et de bien-être** : Les wearables et les systèmes de surveillance de la santé alimentés par l'IA suivent les signes

vitaux, fournissent des informations sur la santé et favorisent le bien-être.

- o *Exemple* : Fitbit et Apple Watch utilisent l'IA pour surveiller la fréquence cardiaque, les habitudes de sommeil et l'activité physique, et proposer des recommandations personnalisées en matière de santé.
- o *Étude de cas* : Une personne utilise Fitbit pour suivre ses objectifs de remise en forme, surveiller la qualité de son sommeil et recevoir des informations personnalisées sur sa santé. Le système d'IA l'aide à maintenir un mode de vie plus sain.

- **Appareils domestiques intelligents** : Les appareils dotés d'IA, tels que les thermostats intelligents, les réfrigérateurs et les systèmes d'éclairage, améliorent la domotique et l'efficacité énergétique.
  - o *Exemple* : Le thermostat Nest utilise l'intelligence artificielle pour apprendre vos préférences en matière de température et votre emploi du temps, et ajuste automatiquement les paramètres pour économiser de l'énergie.
  - o *Étude de cas* : Un propriétaire installe un thermostat Nest, qui utilise l'IA pour optimiser le chauffage et la climatisation, ce qui permet de réaliser des économies d'énergie significatives et d'améliorer le confort.

- **Outils pédagogiques** : Les plateformes éducatives alimentées par l'IA offrent des expériences d'apprentissage personnalisées aux enfants et aux adultes.
  - o *Exemple* : Khan Academy et Duolingo utilisent l'IA pour proposer des parcours d'apprentissage personnalisés et des leçons adaptatives en fonction des progrès de l'utilisateur.
  - o *Étude de cas* : Un parent utilise la Khan Academy pour compléter l'éducation de son enfant, en lui fournissant des leçons personnalisées et en suivant ses progrès. La plateforme d'IA permet d'améliorer les résultats scolaires de l'enfant.

3. Mise en place et configuration de vos appareils AI

Après avoir sélectionné vos appareils et plateformes d'IA, suivez les étapes suivantes pour les installer et les configurer :

- **Déballez et mettez en marche** : commencez par déballer vos appareils et mettez-les en marche. Assurez-vous que vous disposez de tous les accessoires et de la documentation nécessaire.
  - *Exemple* : Lorsque vous configurez un Amazon Echo, branchez-le sur une source d'alimentation et attendez que l'anneau lumineux devienne bleu, ce qui indique qu'il est prêt à être configuré.
- **Connexion au** réseau Wi-Fi : utilisez votre smartphone ou votre ordinateur pour connecter les appareils au réseau Wi-Fi de votre domicile. Suivez les instructions du fabricant pour vous connecter au réseau Wi-Fi.
  - *Exemple* : Utilisez l'application Google Home pour connecter Google Nest à votre réseau Wi-Fi en suivant les instructions de l'application.
- **Télécharger et installer des applications** : Téléchargez les applications adaptées à vos appareils sur votre smartphone ou votre tablette. Ces applications vous aideront à configurer et à contrôler vos appareils AI.
  - *Exemple* : Téléchargez l'application Alexa pour configurer et gérer vos appareils Amazon Echo.
- **Créer des comptes et se connecter** : créez des comptes sur les plateformes selon vos besoins et connectez-vous à l'aide de vos informations d'identification. Cette étape est essentielle pour accéder aux fonctions et paramètres personnalisés.
  - *Exemple* : Créez un compte Nest et connectez-vous pour gérer votre thermostat Nest et d'autres dispositifs Nest.
- **Configurer les paramètres** : Utilisez l'application pour configurer les paramètres de l'appareil selon vos préférences. Vous pouvez notamment configurer la reconnaissance vocale, régler les

paramètres de confidentialité et activer ou désactiver des fonctions.

  o *Exemple* : Configurez la reconnaissance vocale d'Alexa pour qu'elle reconnaisse les différents membres du foyer et personnalise les réponses.

4. Intégrer les dispositifs d'IA aux systèmes domestiques existants

L'intégration des dispositifs d'IA à vos systèmes domestiques existants améliore leur fonctionnalité et offre une expérience transparente.

- **Concentrateurs domestiques intelligents** : Utilisez un concentrateur domestique intelligent pour connecter et contrôler plusieurs appareils d'IA à partir d'une interface unique.
  o *Exemple* : Le SmartThings Hub de Samsung connecte divers appareils domestiques intelligents, ce qui vous permet de les contrôler à l'aide d'une seule application.
  o *Étude de cas* : Un propriétaire utilise SmartThings Hub pour intégrer ses lumières intelligentes, son thermostat et ses caméras de sécurité, créant ainsi un système unifié de maison intelligente.
- **Assistants vocaux** : Intégrez des dispositifs d'IA avec des assistants vocaux pour les contrôler à l'aide de commandes vocales.
  o *Exemple* : Utilisez Google Assistant pour contrôler le thermostat Nest, les lampes Philips Hue et d'autres appareils compatibles.
  o *Étude de cas* : Une famille utilise Amazon Alexa pour contrôler les appareils de sa maison intelligente, notamment les lumières, les serrures et les appareils électroménagers, en émettant de simples commandes vocales.
- **IFTTT (If This Then That)** : Utilisez IFTTT pour créer des règles d'automatisation personnalisées qui connectent différents appareils et services d'IA.

- o *Exemple* : Créez une applet IFTTT qui allume les lumières intelligentes lorsque votre caméra de sécurité détecte un mouvement.
- o *Étude de cas* : Un utilisateur crée une applet IFTTT pour recevoir un message texte lorsque sa sonnette intelligente détecte un mouvement, améliorant ainsi la sécurité et la sensibilisation à la maison.

5. Apprendre et explorer les fonctionnalités avancées

Prenez le temps de vous familiariser avec les fonctions avancées de vos appareils d'IA et de savoir comment en tirer le meilleur parti.

- **Automatisation des routines** : Mettez en place des routines et des automatismes pour rationaliser les tâches quotidiennes et améliorer la commodité.
    - o *Exemple* : Créez une routine matinale avec Alexa qui allume les lumières, diffuse les actualités et démarre la cafetière en une seule commande.
    - o *Étude de cas* : Un utilisateur met en place une routine de coucher avec l'assistant Google qui éteint les lumières, règle le thermostat et joue de la musique relaxante, créant ainsi une expérience de coucher plus confortable.
- **Gestion de l'énergie** : Utilisez des dispositifs d'IA pour surveiller et gérer la consommation d'énergie, afin de réduire les coûts et l'impact sur l'environnement.
    - o *Exemple* : Utilisez les rapports énergétiques du thermostat Nest pour suivre la consommation d'énergie et identifier les possibilités d'économies.
    - o *Étude de cas* : Un propriétaire utilise des prises intelligentes et des outils de surveillance de l'énergie pour suivre et réduire la consommation d'énergie de ses appareils, ce qui lui permet de réduire ses factures d'électricité.

- **Amélioration de la sécurité** : Tirez parti des fonctions de sécurité avancées, telles que la reconnaissance faciale, la détection de mouvement et l'accès à distance.
  - o *Exemple* : Activez la reconnaissance faciale sur votre sonnette intelligente pour recevoir des alertes lorsque des personnes spécifiques sont détectées.
  - o *Étude de cas* : Un propriétaire utilise des caméras de sécurité alimentées par l'IA avec reconnaissance faciale pour identifier les visiteurs et recevoir des alertes personnalisées, améliorant ainsi la sécurité de son domicile.

6. Entretenir et mettre à jour vos dispositifs d'IA

Une maintenance et des mises à jour régulières sont essentielles pour garantir les performances optimales et la sécurité de vos dispositifs d'IA.

- **Mises à jour des microprogrammes** : Vérifiez et installez régulièrement les mises à jour des microprogrammes de vos appareils pour bénéficier des dernières fonctionnalités et des correctifs de sécurité.
  - o *Exemple* : Activez les mises à jour automatiques pour vos appareils domestiques intelligents afin de vous assurer qu'ils sont toujours à jour.
  - o *Étude de cas* : Un utilisateur met à jour son thermostat intelligent avec le dernier micrologiciel, ce qui garantit des performances et une efficacité énergétique optimales.
- **Entretien des appareils** : Nettoyez et inspectez régulièrement vos appareils pour vous assurer qu'ils fonctionnent correctement et efficacement.
  - o *Exemple* : Nettoyez les lentilles des caméras de sécurité pour maintenir une qualité vidéo claire.
  - o *Étude de cas* : Un propriétaire planifie une maintenance régulière de ses appareils intelligents, comme le changement des filtres des purificateurs d'air intelligents,

afin de s'assurer qu'ils continuent à fonctionner efficacement.

- **Réviser et ajuster les paramètres** : Vérifiez et ajustez régulièrement les paramètres de votre appareil pour vous assurer qu'ils continuent à répondre à vos besoins et à vos préférences.
  - *Exemple* : Passez en revue les paramètres de confidentialité de votre assistant vocal pour gérer le partage et l'accès aux données.
  - *Étude de cas* : Un utilisateur ajuste les paramètres de sensibilité de ses caméras de sécurité intelligentes afin de réduire les fausses alertes et d'améliorer la précision de la détection.

Conseils et bonnes pratiques pour l'intégration de l'IA

1. Donner la priorité à la protection de la vie privée et à la sécurité

- **Confidentialité des données** : Soyez attentif aux données collectées par vos appareils d'IA et comprenez comment elles sont utilisées et stockées. Configurez les paramètres de confidentialité pour limiter le partage des données et garantir la protection de vos informations.
  - *Exemple* : Utilisez les paramètres de confidentialité de votre assistant domestique intelligent pour gérer les enregistrements vocaux et limiter le partage des données.
  - *Étude de cas* : Un utilisateur examine les politiques de confidentialité de ses appareils d'IA et ajuste les paramètres afin de minimiser la collecte de données et de protéger ses informations personnelles.
- **Sécurisez votre réseau** : Assurez-vous que votre réseau Wi-Fi domestique est sécurisé en utilisant des mots de passe forts, en activant le cryptage et en mettant régulièrement à jour le micrologiciel de votre routeur.
  - *Exemple* : Utilisez le cryptage WPA3 pour votre réseau Wi-Fi afin de renforcer la sécurité.

- o *Étude de cas* : Un propriétaire sécurise son réseau domestique en utilisant un mot de passe fort, en activant le cryptage et en mettant en place un réseau invité pour les visiteurs.
- **Surveillez l'accès des appareils** : Examinez régulièrement les appareils connectés à votre réseau et interdisez l'accès à tout appareil non autorisé.
  - o *Exemple* : Utilisez l'interface d'administration de votre routeur pour contrôler les appareils connectés et gérer l'accès.
  - o *Étude de cas* : Un utilisateur passe régulièrement en revue les appareils connectés à son réseau domestique et supprime tous ceux qu'il ne connaît pas afin de maintenir la sécurité.

2. Optimisez l'emplacement de l'appareil

- **Positionnement pour la couverture** : Placez les dispositifs d'IA tels que les haut-parleurs intelligents et les caméras à des endroits qui offrent une couverture et une fonctionnalité optimales.
  - o *Exemple* : Placez un haut-parleur intelligent dans un endroit central pour vous assurer qu'il peut entendre des commandes vocales provenant de différentes parties de la pièce.
  - o *Étude de cas* : Un propriétaire place des caméras de sécurité aux points d'entrée et dans les zones très fréquentées afin de maximiser la couverture de surveillance.
- **Évitez les interférences** : Veillez à ce que les appareils AI ne soient pas placés à proximité d'autres appareils électroniques susceptibles de provoquer des interférences ou de perturber le signal.
  - o *Exemple* : Évitez de placer une enceinte intelligente à proximité d'un micro-ondes ou d'un téléphone sans fil, qui peuvent interférer avec sa connexion Wi-Fi.

- o *Étude de cas* : Un utilisateur réorganise sa maison intelligente pour minimiser les interférences et améliorer les performances des appareils.

3. Éduquer les membres du ménage

- **Formation et familiarisation** : Apprenez à tous les membres de la famille à utiliser les dispositifs d'IA de manière efficace et sûre.
  - o *Exemple* : Organisez une réunion de famille pour montrer comment utiliser les commandes vocales avec l'assistant domestique intelligent.
  - o *Étude de cas* : Une famille crée un guide de l'utilisateur pour son système de maison intelligente, afin de s'assurer que tout le monde sait comment faire fonctionner les appareils et les utiliser de manière responsable.
- **Établissez des lignes directrices** : Établissez des lignes directrices pour l'utilisation des dispositifs d'IA, notamment en ce qui concerne le respect de la vie privée, la gestion des autorisations et le traitement des données.
  - o *Exemple* : Établissez des règles pour l'utilisation des caméras intelligentes, par exemple en les éteignant dans les zones privées comme les chambres à coucher et les salles de bain.
  - o *Étude de cas* : Un ménage élabore une politique de confidentialité pour sa maison intelligente, décrivant la manière dont les données sont collectées, utilisées et protégées.

4. Explorer les possibilités d'intégration

- **Automatisation de la maison** : Recherchez les possibilités d'intégrer des dispositifs d'IA à d'autres systèmes domestiques intelligents pour améliorer l'automatisation et la fonctionnalité.
  - o *Exemple* : Intégrez l'éclairage intelligent à des capteurs de mouvement pour automatiser l'éclairage en fonction de l'occupation de la pièce.

- o *Étude de cas* : Un utilisateur connecte son thermostat intelligent, ses lumières et son système de sécurité pour créer une installation domotique complète qui répond à ses habitudes quotidiennes.
- **Compatibilité multiplateforme** : Veillez à ce que vos dispositifs d'IA soient compatibles avec plusieurs plateformes et services afin de maximiser leur utilité.
  - o *Exemple* : Choisissez des appareils domestiques intelligents qui fonctionnent avec des plateformes populaires comme Amazon Alexa, Google Assistant et Apple HomeKit.
  - o *Étude de cas* : Un propriétaire sélectionne des dispositifs d'IA compatibles avec ses plateformes préférées, ce qui garantit une intégration et une fonctionnalité transparentes entre les différents systèmes.

Conclusion

L'intégration de l'IA dans votre maison peut considérablement améliorer la commodité, la sécurité et la productivité. En suivant ce guide étape par étape, en choisissant les bons appareils et les bonnes plateformes, et en mettant en œuvre les meilleures pratiques, vous pouvez créer un environnement domestique intelligent qui répond à vos besoins et préférences uniques. À mesure que la technologie de l'IA continue d'évoluer, le potentiel de transformation de la vie quotidienne ne fera que croître, offrant des possibilités passionnantes pour l'avenir de l'IA dans la maison.

Considérations et défis éthiques

Introduction

La technologie de l'IA s'intègre de plus en plus dans notre vie quotidienne et soulève des considérations et des défis éthiques importants. Il est essentiel d'aborder les questions liées à la vie privée, à la sécurité, aux préjugés, à la responsabilité et à l'impact sociétal de l'IA pour s'assurer que les technologies de l'IA sont utilisées de manière responsable et pour le bénéfice de tous. Cette section explore les implications et les défis éthiques de l'IA, en fournissant des exemples détaillés, des études de cas et un aperçu des meilleures pratiques pour naviguer dans ces questions complexes.

Préoccupations en matière de protection de la vie privée et de sécurité

1. Confidentialité des données

Les systèmes d'IA s'appuient souvent sur de grandes quantités de données, y compris des informations personnelles et sensibles, pour fonctionner efficacement. Garantir le respect de la vie privée et la protection de ces données est une considération éthique essentielle.

- **Exemple** : Les assistants domestiques intelligents comme Amazon Alexa et Google Assistant collectent des données vocales pour améliorer leurs services. Il est essentiel de veiller à ce que ces données soient stockées en toute sécurité et utilisées de manière responsable pour protéger la vie privée des utilisateurs.
- **Étude de cas** : Un prestataire de soins de santé utilise l'IA pour analyser les données des patients afin d'améliorer les résultats des traitements. Il met en œuvre des mesures strictes de confidentialité des données, telles que le cryptage et l'anonymisation, afin de protéger les informations des patients et de se conformer à des réglementations telles que l'HIPAA.

2. Sécurité des données

La protection des systèmes d'IA et des données qu'ils traitent contre les cyberattaques et les accès non autorisés est primordiale pour maintenir la confiance et la sécurité des utilisateurs.

- **Exemple** : Un système de sécurité domestique alimenté par l'IA doit être protégé contre les tentatives de piratage afin d'empêcher tout accès non autorisé aux flux vidéo en direct et aux données personnelles.
- **Étude de cas** : Une institution financière met en œuvre un système de détection des fraudes basé sur l'IA. Elle investit dans de solides mesures de cybersécurité, notamment le cryptage, la détection des intrusions et des audits de sécurité réguliers, afin de protéger son système d'IA et les données de ses clients.

Biais et équité dans l'IA

1. Biais algorithmique

Les systèmes d'IA peuvent, par inadvertance, perpétuer ou amplifier les préjugés présents dans les données sur lesquelles ils sont formés, ce qui conduit à des résultats injustes ou discriminatoires.

- **Exemple** : Un outil de recrutement par IA qui s'appuie sur des données d'embauche historiques peut involontairement favoriser les candidats issus de certaines catégories démographiques, perpétuant ainsi les préjugés existants.
- **Étude de cas** : Une entreprise développe un système d'approbation de prêt basé sur l'IA. Elle procède à un audit approfondi de ses données de formation et de ses algorithmes afin d'identifier et d'atténuer les biais, garantissant ainsi que le système offre des résultats justes et équitables à tous les demandeurs.

2. Garantir l'équité

Les développeurs et les organisations doivent s'efforcer d'identifier et d'éliminer les préjugés dans les systèmes d'IA afin de garantir la justice et l'équité.

- **Exemple** : Les développeurs d'IA utilisent des techniques telles que des algorithmes d'atténuation des biais et des ensembles de données de formation diversifiés pour réduire les biais dans leurs modèles.
- **Étude de cas** : Une société spécialisée dans la reconnaissance faciale collabore avec des groupes de pression pour améliorer la précision et l'équité de sa technologie dans différents groupes démographiques. Elle met en œuvre des tests et une validation continus pour s'assurer que son système n'est pas biaisé.

Responsabilité et transparence

1. L'obligation de rendre compte

Déterminer qui est responsable des actions et des décisions prises par les systèmes d'IA est un défi éthique complexe. Des cadres de responsabilité clairs sont nécessaires pour répondre à cette question.

- **Exemple** : Dans le cas d'un accident de véhicule autonome, déterminer si le fabricant, le développeur de logiciels ou l'utilisateur est responsable est crucial pour l'obligation de rendre des comptes.
- **Étude de cas** : Une agence gouvernementale élabore des lignes directrices sur la responsabilité en matière d'IA, qui définissent les responsabilités des développeurs, des opérateurs et des utilisateurs. Elle établit des protocoles pour le signalement des incidents et les enquêtes afin de garantir la responsabilité en cas d'incidents liés à l'IA.

2. La transparence

La transparence des systèmes d'IA, y compris la manière dont ils prennent des décisions et utilisent les données, est essentielle pour instaurer la confiance et permettre un consentement éclairé.

- **Exemple** : Un outil de diagnostic de santé alimenté par l'IA devrait fournir des explications claires sur ses diagnostics et les données utilisées pour parvenir à ces conclusions.
- **Étude de cas** : Une plateforme de médias sociaux met en œuvre une modération de contenu basée sur l'IA. Elle publie des rapports de transparence détaillant le fonctionnement de ses algorithmes d'IA, les critères utilisés pour le retrait de contenu et les mesures prises pour éviter les préjugés.

Impact sociétal de l'IA

1. Déplacement d'emplois et impact économique

L'IA a le potentiel de perturber les marchés du travail, entraînant des déplacements d'emplois et des inégalités économiques. Il est essentiel de s'attaquer à ces conséquences pour garantir une société équitable et inclusive.

- **Exemple** : L'automatisation dans l'industrie manufacturière et d'autres secteurs peut entraîner des pertes d'emplois, obligeant les travailleurs à acquérir de nouvelles compétences et à s'adapter à l'évolution du marché du travail.
- **Étude de cas** : Un gouvernement lance un programme de requalification pour aider les travailleurs déplacés par l'automatisation de l'IA. Il s'associe à des industries et à des établissements d'enseignement pour proposer des formations dans des domaines émergents, en veillant à ce que les travailleurs puissent faire la transition vers de nouvelles possibilités d'emploi.

2. Utilisation éthique de l'IA dans les services publics

L'utilisation de l'IA dans les services publics, tels que l'application de la loi et les soins de santé, soulève des considérations éthiques uniques. Il est essentiel de veiller à ce que ces applications soient équitables, transparentes et responsables.

- **Exemple** : Les systèmes d'IA utilisés dans la police prédictive doivent être conçus avec soin pour éviter de renforcer les préjugés existants et garantir un traitement équitable pour toutes les communautés.
- **Étude de cas** : Une ville met en place un système de gestion du trafic piloté par l'IA. Elle s'engage avec les parties prenantes de la communauté pour s'assurer que le système est conçu et déployé de manière éthique, en répondant aux préoccupations en matière de surveillance et de respect de la vie privée.

Exemples et études de cas

1. Traiter les biais dans les systèmes d'IA

- **Technologie de reconnaissance faciale** : Une société spécialisée dans la reconnaissance faciale identifie des biais dans ses algorithmes d'intelligence artificielle, dont les performances sont médiocres pour certains groupes démographiques. Elle collabore avec des chercheurs et des groupes de pression pour améliorer la précision et l'équité de sa technologie.
  - *Exemple* : L'entreprise met en œuvre des techniques telles que l'augmentation des données et les contrôles d'équité algorithmiques afin de réduire les préjugés et d'améliorer les performances au sein de populations diverses.
  - *Étude de cas* : Le système de reconnaissance faciale amélioré fait l'objet de tests et d'une validation rigoureux, démontrant une réduction significative des biais et une précision accrue. L'entreprise publie ses résultats et ses

méthodes afin de promouvoir la transparence et la responsabilité.

2. Garantir la confidentialité des données dans les applications d'IA

- **L'IA dans les soins de santé** : Un prestataire de soins de santé utilise l'IA pour analyser les données des patients afin de leur recommander des traitements personnalisés. Il met en œuvre de solides mesures de confidentialité des données pour protéger les informations des patients.
  - *Exemple* : Le prestataire utilise le cryptage, l'anonymisation et le stockage sécurisé des données pour garantir la protection des données des patients tout au long du processus d'analyse de l'IA.
  - *Étude de cas* : Le prestataire de soins de santé effectue régulièrement des audits et des évaluations de ses pratiques en matière de confidentialité des données. Il se conforme à des réglementations telles que le GDPR et l'HIPAA, en veillant à ce que ses applications d'IA respectent les normes les plus strictes en matière de confidentialité et de sécurité des données.

3. Renforcer la transparence et la responsabilité

- **L'IA dans les services financiers** : Une institution financière déploie un système d'approbation des prêts piloté par l'IA. Elle donne la priorité à la transparence et à la responsabilité dans ses applications d'IA.
  - *Exemple* : L'institution fournit des explications claires sur le processus de prise de décision de son système d'IA, y compris les facteurs pris en compte dans les approbations et les refus de prêts.
  - *Étude de cas* : L'institution financière met en place un comité d'éthique de l'IA pour superviser le déploiement et l'utilisation des technologies de l'IA. Le comité veille à ce

que les systèmes d'IA soient transparents, responsables et conformes aux principes éthiques.

Aperçu technique

1. Techniques d'atténuation des biais

Les développeurs peuvent utiliser diverses techniques pour atténuer les préjugés dans les systèmes d'IA, afin de garantir la justice et l'équité.

- **Augmentation des données** : Amélioration des ensembles de données de formation avec des échantillons diversifiés et représentatifs afin de réduire les biais et d'améliorer les performances des modèles dans différents groupes démographiques.
  - *Exemple* : Augmentation d'un ensemble de données de reconnaissance faciale avec des images de divers groupes ethniques et d'âge afin d'améliorer la précision et l'équité du système d'IA.
- **Équité algorithmique** : Mise en œuvre de contraintes et de mesures d'équité dans les algorithmes d'IA afin de garantir des résultats équitables.
  - *Exemple* : Utilisation de techniques d'apprentissage automatique tenant compte de l'équité pour ajuster les prédictions des modèles et réduire les impacts disparates sur les différents groupes démographiques.
- **Détection des biais et audit** : Tester et auditer régulièrement les systèmes d'IA pour détecter les biais afin d'identifier et de traiter les problèmes potentiels.
  - *Exemple* : Réalisation d'audits de partialité sur un outil de recrutement par IA afin de s'assurer qu'il offre des résultats justes et équitables à tous les candidats.

2. Garantir la sécurité des données dans les systèmes d'IA

La mise en œuvre de mesures robustes de sécurité des données est essentielle pour protéger les systèmes d'IA et les données qu'ils traitent.

- **Cryptage** : Utilisation du cryptage pour protéger les données au repos et en transit, en veillant à ce qu'elles restent à l'abri de tout accès non autorisé.
  - *Exemple* : Cryptage des données des patients dans un système de santé basé sur l'IA afin de protéger les informations sensibles contre les cybermenaces.
- **Contrôles d'accès** : Mise en place de contrôles d'accès stricts pour limiter les personnes autorisées à accéder aux systèmes et aux données de l'IA et à les modifier.
  - *Exemple* : Utilisation de contrôles d'accès basés sur les rôles pour s'assurer que seul le personnel autorisé peut accéder aux données du système d'IA et les gérer.
- **Audits de sécurité réguliers** : Réaliser régulièrement des audits et des évaluations de sécurité afin d'identifier et de corriger les vulnérabilités des systèmes d'intelligence artificielle.
  - *Exemple* : Réalisation d'audits de sécurité périodiques sur une plateforme financière alimentée par l'IA pour s'assurer qu'elle reste sécurisée et résiliente face aux cybermenaces.

Défis et limites

Malgré les avantages de l'IA, des défis et des limites importants doivent être relevés :

- **Dilemmes éthiques** : Naviguer dans des dilemmes éthiques complexes, tels que l'équilibre entre la protection de la vie privée et l'utilité des données et la prise en compte des conséquences involontaires des décisions de l'IA.
  - *Scénario* : Un système de santé basé sur l'IA doit trouver un équilibre entre la nécessité d'un diagnostic précis et la confidentialité des données des patients, en tenant

compte des implications éthiques du partage et de l'utilisation des données.

- **Conformité réglementaire** : Veiller à ce que les systèmes d'IA soient conformes aux réglementations et normes en constante évolution, telles que le GDPR et le CCPA.
  - *Étude de cas* : Une entreprise technologique adapte ses pratiques de traitement des données d'IA pour se conformer aux nouvelles réglementations sur la confidentialité des données, en mettant en œuvre des changements pour garantir la conformité et protéger les données des utilisateurs.
- **Perception et confiance du public** : Renforcer la confiance du public dans les technologies de l'IA en répondant aux préoccupations concernant la partialité, la vie privée et la sécurité.
  - *Exemple* : Une plateforme de médias sociaux met en œuvre des mesures de transparence et s'engage auprès des utilisateurs pour instaurer la confiance dans son système de modération de contenu piloté par l'IA.
- **Coût et accessibilité** : Aborder les coûts élevés du développement et de la mise en œuvre des systèmes d'IA, qui peuvent limiter l'accessibilité pour les petites organisations et les particuliers.
  - *Scénario* : Une organisation à but non lucratif explore des solutions d'IA abordables pour soutenir sa mission, en trouvant des moyens innovants d'intégrer l'IA dans le cadre de ses contraintes budgétaires.

Tendances futures de l'IA éthique

Alors que la technologie de l'IA continue d'évoluer, plusieurs tendances devraient façonner l'avenir de l'IA éthique :

- **Développement responsable de l'IA** : Mettre l'accent sur des pratiques responsables en matière de développement de l'IA, y compris la conception éthique, la transparence et la responsabilité.

- o *Exemple* : Les développeurs d'IA adoptent des lignes directrices et des cadres éthiques pour s'assurer que leurs systèmes sont conçus et déployés de manière responsable.
- **Des cadres réglementaires renforcés** : Élaborer et mettre en œuvre des cadres réglementaires solides pour régir l'utilisation des technologies de l'IA.
  - o *Étude de cas* : Les gouvernements et les organisations internationales collaborent pour créer des réglementations complètes sur l'IA qui prennent en compte les considérations éthiques et encouragent une utilisation responsable de l'IA.
- **L'IA au service du bien commun** : Mettre l'IA au service du bien social en relevant des défis mondiaux tels que les soins de santé, l'éducation et la durabilité de l'environnement.
  - o *Scénario* : Une initiative fondée sur l'IA utilise l'apprentissage automatique pour prédire et prévenir la propagation des maladies infectieuses, améliorant ainsi les résultats en matière de santé publique.
- **Gouvernance collaborative de l'IA** : Promouvoir des modèles de gouvernance collaborative qui impliquent diverses parties prenantes, y compris l'industrie, le monde universitaire et la société civile, dans le développement et la supervision des technologies de l'IA.
  - o *Exemple* : Une initiative multipartite rassemble des développeurs d'IA, des décideurs politiques et des groupes de défense afin d'élaborer des lignes directrices pour une utilisation éthique de l'IA dans différents secteurs.

Conclusion

Il est essentiel d'aborder les considérations et les défis éthiques de l'IA pour s'assurer que les technologies de l'IA sont utilisées de manière responsable et dans l'intérêt de tous. En donnant la priorité à la protection de la vie privée et à la sécurité, en atténuant les préjugés, en garantissant la transparence et la responsabilité, et en tenant compte de l'impact sociétal de l'IA, les développeurs et les organisations peuvent instaurer la confiance et promouvoir l'utilisation responsable de l'IA. Alors que la technologie de l'IA continue d'évoluer, les efforts continus pour naviguer dans ces questions complexes seront essentiels pour façonner un avenir juste et inclusif.

L'avenir de l'IA dans la vie quotidienne

Introduction

L'avenir de l'intelligence artificielle (IA) promet d'apporter des changements transformateurs dans divers aspects de la vie quotidienne. Les applications potentielles de l'IA sont vastes et variées, qu'il s'agisse des progrès de la technologie des maisons intelligentes, des soins de santé personnalisés ou de l'évolution de l'éducation et des loisirs fondés sur l'IA. Cette section explore les tendances et les technologies émergentes, les prévisions pour l'avenir et la manière dont les individus et la société peuvent se préparer à un monde dominé par l'IA.

Tendances et technologies émergentes

1. L'IA dans les maisons intelligentes

L'intégration de l'IA dans les maisons intelligentes devrait révolutionner notre mode de vie en rendant nos environnements plus intuitifs, plus efficaces et plus adaptés à nos besoins.

- **Amélioration de la domotique** : L'IA permettra de mettre en place des systèmes domotiques plus sophistiqués qui tireront parti du comportement et des préférences de l'utilisateur pour lui offrir des expériences personnalisées.
    - *Exemple* : Les systèmes domestiques intelligents alimentés par l'IA ajusteront l'éclairage, la température et les paramètres de sécurité en fonction des préférences individuelles et des routines quotidiennes.
    - *Étude de cas* : Une famille utilise un système de maison intelligente piloté par l'IA qui apprend son emploi du temps et ses préférences, en automatisant tout, de l'éclairage au contrôle de la climatisation en passant par la sécurité et le divertissement, ce qui améliore considérablement le confort et l'efficacité énergétique.

- **Appareils interconnectés** : À l'avenir, l'interconnectivité entre les appareils domestiques intelligents sera encore plus grande, ce qui créera une expérience de vie transparente et intégrée.
  - *Exemple* : L'IA permettra à différents appareils domestiques intelligents de communiquer et de se coordonner, optimisant ainsi la gestion globale de la maison.
  - *Étude de cas* : Un écosystème de maison intelligente intègre des appareils alimentés par l'IA, des systèmes de sécurité et des appareils de divertissement, fournissant un système de contrôle unifié qui améliore la commodité et le confort de l'utilisateur.

2. L'IA dans les soins de santé personnalisés

Le rôle de l'IA dans les soins de santé devrait s'étendre, offrant des solutions de gestion de la santé plus personnalisées et plus proactives.

- **L'analyse prédictive de la santé** : L'IA utilisera des données provenant de dispositifs portables et de dossiers médicaux électroniques pour prédire et prévenir les problèmes de santé avant qu'ils ne surviennent.
  - *Exemple* : Les plateformes de santé pilotées par l'IA analyseront les données des dispositifs portables pour prédire les risques potentiels pour la santé et fournir des recommandations personnalisées pour la prévention.
  - *Étude de cas* : Une personne utilise un système de surveillance de la santé alimenté par l'IA qui analyse les données de son dispositif portable, prédisant des problèmes de santé potentiels tels que les maladies cardiaques et fournissant des conseils personnalisés pour atténuer les risques.
- **Télémédecine et soins virtuels** : L'IA améliorera les services de télémédecine, en offrant des consultations virtuelles et un suivi de la santé en temps réel.

- o *Exemple* : Les plateformes de télémédecine alimentées par l'IA fourniront une aide au diagnostic en temps réel et des plans de traitement personnalisés lors de consultations virtuelles.
- o *Étude de cas* : Un centre de soins de santé rural utilise une plateforme de télémédecine pilotée par l'IA pour offrir des consultations virtuelles aux patients, en leur fournissant une aide au diagnostic en temps réel et des plans de traitement personnalisés, améliorant ainsi l'accès à des soins de santé de qualité.

3. L'IA dans l'éducation

L'IA est sur le point de transformer l'éducation en offrant des expériences d'apprentissage personnalisées et en améliorant les résultats scolaires.

- **Systèmes d'apprentissage adaptatifs** : L'IA permettra de mettre en place des systèmes d'apprentissage adaptatifs qui personnaliseront le contenu éducatif en fonction du style et du rythme d'apprentissage de chacun.
  - o *Exemple* : Les plateformes éducatives pilotées par l'IA adapteront les leçons et le matériel en fonction des progrès de l'élève et de ses difficultés.
  - o *Étude de cas* : Un district scolaire met en œuvre une plateforme d'apprentissage adaptatif alimentée par l'IA qui fournit des leçons personnalisées aux élèves, améliorant ainsi l'engagement et les résultats scolaires.
- **Tuteurs et mentors virtuels** : L'IA fournira des tuteurs et des mentors virtuels qui offriront un soutien et des conseils personnalisés aux élèves.
  - o *Exemple* : Des tuteurs virtuels alimentés par l'IA aideront les élèves à faire leurs devoirs, leur fourniront des explications et leur donneront un retour d'information sur leurs travaux.
  - o *Étude de cas* : Un élève utilise un tuteur virtuel piloté par l'IA pour bénéficier d'une aide personnalisée pour ses

devoirs de mathématiques, ce qui améliore sa compréhension et ses résultats dans cette matière.

4. L'IA dans les transports

L'IA continuera à faire progresser les transports, les rendant plus sûrs, plus efficaces et plus accessibles.

- **Véhicules autonomes** : Les véhicules autonomes alimentés par l'IA deviendront plus répandus, transformant les transports personnels et publics.
    - ○ *Exemple* : Les voitures autonomes offriront des moyens de transport sûrs et pratiques, réduisant le besoin de conducteurs humains et diminuant les accidents de la route.
    - ○ *Étude de cas* : Une ville met en place un système de transport public autonome piloté par l'IA, réduisant ainsi les embouteillages et offrant aux habitants des options de transport efficaces et sûres.
- **Gestion intelligente du trafic** : L'IA optimisera les flux de trafic et réduira les embouteillages grâce à des systèmes de gestion intelligente du trafic.
    - ○ *Exemple* : Les systèmes de gestion du trafic alimentés par l'IA analyseront les données en temps réel pour ajuster les feux de circulation et gérer le flux du trafic.
    - ○ *Étude de cas* : Une zone métropolitaine utilise un système de gestion du trafic piloté par l'IA qui réduit les embouteillages en optimisant les feux de circulation et en fournissant aux conducteurs des informations en temps réel sur le trafic.

NOVA LOVALD

Prédictions pour l'avenir

1. L'IA, un compagnon quotidien

L'IA devrait faire partie intégrante de la vie quotidienne, agissant comme un compagnon qui aide à accomplir diverses tâches et améliore le bien-être général.

- **Assistants personnels** : Les assistants personnels de l'IA fourniront une assistance plus complète, allant de la gestion des horaires et des rappels à l'offre de conseils et de recommandations personnalisés.
  - *Exemple* : Les assistants d'IA aideront les individus à gérer leur routine quotidienne, leur fourniront des conseils en matière de santé et de bien-être et leur proposeront des options de divertissement personnalisées.
  - *Étude de cas* : Une personne utilise un assistant personnel alimenté par l'IA qui gère son emploi du temps quotidien, lui fournit des conseils de santé personnalisés et lui propose des recommandations pour ses activités de loisirs, améliorant ainsi sa qualité de vie.

2. AI dans les arts créatifs

L'IA jouera un rôle important dans les arts créatifs, en collaborant avec les humains pour produire des œuvres d'art innovantes et uniques.

- **Art et musique générés par l'IA** : L'IA aidera les artistes et les musiciens à créer des œuvres nouvelles et innovantes, en leur offrant inspiration et soutien technique.
  - *Exemple* : Les outils d'IA aideront les artistes à générer des idées, à créer des œuvres d'art numériques et à composer de la musique, repoussant ainsi les limites de la créativité.
  - *Étude de cas* : Un artiste collabore avec un outil d'IA pour créer une série de peintures numériques qui combinent la créativité humaine avec des motifs et des dessins générés

par l'IA, ce qui donne lieu à une collection d'œuvres d'art unique et innovante.

3. Développement éthique de l'IA

À l'avenir, l'accent sera davantage mis sur le développement et l'utilisation de l'IA de manière éthique, en veillant à ce que les systèmes d'IA soient équitables, transparents et bénéfiques pour la société.

- **Lignes directrices éthiques en matière d'IA** : Les organisations et les gouvernements élaboreront et appliqueront des lignes directrices éthiques pour le développement et l'utilisation de l'IA.
    - *Exemple* : Les entreprises adopteront des cadres éthiques pour l'IA afin de s'assurer que leurs systèmes d'IA sont conçus et déployés de manière responsable.
    - *Étude de cas* : Une entreprise technologique met en œuvre des lignes directrices éthiques en matière d'IA qui privilégient la transparence, la responsabilité et l'équité dans tous ses projets d'IA, instaurant ainsi un climat de confiance avec les utilisateurs et les parties prenantes.

Se préparer à un monde dominé par l'IA

1. L'éducation et la formation

Pour se préparer à un monde piloté par l'IA, les individus et les organisations doivent investir dans l'éducation et la formation afin d'acquérir les compétences et les connaissances nécessaires.

- **Connaissance de l'IA** : La promotion de la culture de l'IA au sein de la population générale permettra aux individus de comprendre le fonctionnement de l'IA et son impact potentiel sur leur vie.
    - *Exemple* : Les établissements d'enseignement proposent des cours et des programmes qui enseignent les bases de l'IA et ses applications dans différents domaines.

- o *Étude de cas* : Une université lance un programme de formation à l'IA qui sensibilise les étudiants et la communauté à la technologie de l'IA, à ses avantages et à ses implications éthiques.

2. Adaptation du personnel

Alors que l'IA transforme les industries et les marchés du travail, les travailleurs doivent s'adapter en acquérant de nouvelles compétences et en adoptant l'apprentissage tout au long de la vie.

- **Recyclage et perfectionnement** : Les programmes axés sur le recyclage et l'amélioration des compétences des travailleurs les aideront à évoluer vers de nouveaux rôles dans une économie axée sur l'IA.
  - o *Exemple* : Les entreprises proposent des programmes de formation qui permettent aux employés d'acquérir de nouvelles compétences liées à l'IA et à l'automatisation.
  - o *Étude de cas* : Une entreprise manufacturière met en œuvre un programme de requalification qui forme les travailleurs aux technologies de l'IA et de l'automatisation, leur permettant d'assumer de nouveaux rôles et de nouvelles responsabilités au sein de l'entreprise.

3. Politique et réglementation

Les gouvernements et les décideurs politiques doivent élaborer et appliquer des réglementations qui garantissent une utilisation responsable et éthique de l'IA.

- **Cadres réglementaires** : L'élaboration de cadres réglementaires complets permettra d'aborder les implications éthiques, juridiques et sociétales de l'IA.
  - o *Exemple* : Les gouvernements établissent des réglementations qui régissent la confidentialité des données, la sécurité et le développement éthique de l'IA.

- *Étude de cas* : Un pays met en œuvre des réglementations en matière d'IA qui protègent la vie privée des utilisateurs, garantissent la sécurité des données et promeuvent des pratiques éthiques en matière d'IA, favorisant ainsi un écosystème d'IA sûr et digne de confiance.

Exemples et études de cas

1. L'IA dans les villes intelligentes

- **Infrastructure intelligente** : L'IA fera partie intégrante du développement des villes intelligentes, en optimisant les infrastructures et en améliorant la vie urbaine.
  - *Exemple* : Les systèmes d'IA géreront les services d'utilité publique, les transports et les services publics afin d'améliorer l'efficacité et la durabilité.
  - *Étude de cas* : Une ville met en place un réseau intelligent piloté par l'IA qui optimise la distribution d'énergie, réduit les déchets et diminue les coûts, contribuant ainsi à la durabilité environnementale et à l'efficacité économique.

2. L'IA dans les soins de santé

- **Médecine personnalisée** : L'IA permettra de personnaliser la médecine en analysant les données génétiques, environnementales et de mode de vie des individus.
  - *Exemple* : Les plateformes de soins de santé pilotées par l'IA fourniront des plans de traitement personnalisés sur la base de données complètes sur les patients.
  - *Étude de cas* : Un hôpital utilise une plateforme d'IA pour élaborer des plans de traitement du cancer personnalisés, améliorant ainsi les résultats des patients et réduisant les effets secondaires des traitements.

3. L'IA dans le domaine de la durabilité environnementale

- **Atténuation du changement climatique** : L'IA jouera un rôle crucial dans la lutte contre le changement climatique en optimisant l'utilisation des ressources et en réduisant les émissions.
  - ○ *Exemple* : Les systèmes d'IA analyseront les données environnementales afin d'élaborer des stratégies de réduction de l'empreinte carbone et d'amélioration de la durabilité.
  - ○ *Étude de cas* : Une initiative fondée sur l'IA utilise l'apprentissage automatique pour prévoir et gérer les incendies de forêt, réduisant ainsi l'impact sur l'environnement et les communautés locales.

Aperçu technique

1. Algorithmes d'IA avancés

L'avenir de l'IA verra le développement d'algorithmes plus avancés qui amélioreront les capacités et les applications des systèmes d'IA.

- **Apprentissage profond** : Les progrès en matière d'apprentissage profond permettront aux systèmes d'IA d'effectuer des tâches plus complexes avec une précision et une efficacité accrues.
  - ○ *Exemple* : Les systèmes d'IA utiliseront l'apprentissage profond pour améliorer le traitement du langage naturel, la reconnaissance d'images et la prise de décision autonome.
- **Apprentissage par renforcement** : L'apprentissage par renforcement permettra aux systèmes d'IA d'apprendre des interactions avec leur environnement, améliorant ainsi leur capacité à s'adapter et à optimiser leurs performances.
  - ○ *Exemple* : Les robots dotés d'IA utiliseront l'apprentissage par renforcement pour naviguer et effectuer des tâches dans des environnements dynamiques et non structurés.

2. Edge AI

L'IA périphérique consiste à traiter les données localement sur les appareils plutôt que de s'appuyer sur des serveurs centralisés dans le nuage, ce qui améliore la vitesse, la sécurité et la protection de la vie privée.

- **Exemple** : Les appareils domestiques intelligents dotés de capacités d'IA de pointe traiteront les données localement, ce qui réduira la latence et améliorera les performances.
  - *Étude de cas* : Une caméra de sécurité intelligente utilise l'intelligence artificielle pour analyser les séquences vidéo en temps réel, en fournissant des alertes instantanées et en réduisant le besoin de traitement en nuage.

3. Intégration de l'IA et de l'IdO

L'intégration de l'IA et de l'internet des objets (IdO) permettra de créer des systèmes plus intelligents et interconnectés qui amélioreront divers aspects de la vie quotidienne.

- **Exemple** : L'intégration de l'IA et de l'IdO permettra aux villes, maisons et industries intelligentes de fonctionner plus efficacement et de réagir de manière dynamique à l'évolution des conditions.
  - *Étude de cas* : Une ville intelligente intégrée à l'IA-IoT utilise les données des capteurs pour optimiser la circulation, gérer les services publics et renforcer la sécurité publique, améliorant ainsi la qualité de vie des habitants.

Défis et limites

Malgré l'avenir prometteur de l'IA, plusieurs défis et limites doivent être relevés :

- **Implications éthiques et sociales** : La gestion des implications éthiques et sociales de l'IA, telles que la protection de la vie privée, les préjugés et les suppressions d'emplois, sera cruciale pour un développement responsable de l'IA.
  - o *Scénario* : Un système d'IA doit trouver un équilibre entre les avantages des services personnalisés et la nécessité de protéger la vie privée des utilisateurs et la sécurité des données.
- **Limites techniques** : Il sera essentiel d'aborder les limites techniques de l'IA, telles que la qualité des données, les biais algorithmiques et les ressources informatiques, pour améliorer les performances de l'IA.
  - o *Étude de cas* : Les chercheurs s'efforcent d'améliorer les algorithmes d'intelligence artificielle en corrigeant les biais dans les données d'apprentissage et en renforçant l'efficacité des calculs.
- **Défis réglementaires et politiques** : L'élaboration de réglementations et de politiques efficaces qui suivent le rythme des progrès rapides de l'IA sera essentielle pour garantir une utilisation éthique et responsable de l'IA.
  - o *Scénario* : Les décideurs politiques doivent trouver un équilibre entre l'innovation et la réglementation pour favoriser un écosystème d'IA sûr et fiable.

Tendances futures du développement de l'IA

Plusieurs tendances devraient façonner le développement futur de l'IA :

- **Collaboration entre l'homme et l'IA** : Améliorer la collaboration entre les humains et les systèmes d'IA afin de tirer parti des atouts des uns et des autres pour obtenir de meilleurs résultats.
  - o *Exemple* : Les systèmes d'IA aideront les humains dans la prise de décision, les processus créatifs et la résolution de problèmes complexes.
- **IA durable** : développer des technologies d'IA qui donnent la priorité à la durabilité et à l'impact sur l'environnement, en

contribuant aux efforts mondiaux de lutte contre le changement climatique.

- *Étude de cas* : Les chercheurs en IA se concentrent sur la création d'algorithmes et de systèmes économes en énergie qui réduisent l'empreinte environnementale des technologies d'IA.

- **IA inclusive** : veiller à ce que le développement et le déploiement de l'IA soient inclusifs et profitent à diverses populations, en abordant les questions d'accès et d'équité.
  - *Scénario* : Les initiatives en matière d'IA donnent la priorité à l'inclusivité en impliquant diverses parties prenantes dans le processus de développement et en s'attaquant aux obstacles à l'accès.

Conclusion

L'avenir de l'IA recèle un immense potentiel pour transformer la vie quotidienne, en améliorant la commodité, l'efficacité et le bien-être dans divers domaines. À mesure que la technologie de l'IA continue d'évoluer, il sera essentiel d'aborder les considérations éthiques, les défis techniques et les impacts sociétaux pour s'assurer que l'IA profite à tous. En restant informés, en adoptant l'apprentissage tout au long de la vie et en encourageant le développement responsable de l'IA, les individus et la société peuvent se préparer à un avenir axé sur l'IA qui promet d'être à la fois passionnant et transformateur.

Conclusion

L'intelligence artificielle (IA) est en train de remodeler notre monde en profondeur, en suscitant des avancées dans divers secteurs et en offrant des solutions à des problèmes complexes. Cet ouvrage a exploré les multiples applications de l'IA, de l'amélioration de la communication et de l'éducation à la transformation des soins de santé et au soutien des populations vulnérables. Si nous nous tournons vers l'avenir, il est clair que l'IA continuera à jouer un rôle essentiel dans notre vie quotidienne, apportant à la fois des opportunités et des défis.

Le potentiel de l'IA à révolutionner la communication, les soins de santé, la finance et la domotique est immense. Les assistants virtuels et les chatbots alimentés par l'IA ont rendu la communication plus efficace, en fournissant une assistance en temps réel et en améliorant l'expérience des utilisateurs. Dans le domaine de la santé, l'IA a amélioré les diagnostics, personnalisé les plans de traitement et permis la surveillance à distance, améliorant ainsi considérablement les résultats pour les patients. Le secteur financier a bénéficié d'outils d'analyse, de négociation et de gestion des finances personnelles pilotés par l'IA, qui ont accru l'efficacité et la sécurité. La domotique, alimentée par l'IA, a rendu nos espaces de vie plus pratiques et plus économes en énergie, tout en renforçant la sécurité.

Au-delà de ces applications pratiques, l'IA s'est révélée prometteuse dans des domaines créatifs tels que l'art et la musique, offrant aux artistes et aux musiciens de nouveaux outils pour explorer leur créativité. Les plateformes pilotées par l'IA ont également personnalisé les expériences de divertissement et d'achat, en adaptant les recommandations aux préférences individuelles et en améliorant la satisfaction des clients.

Le soutien aux populations vulnérables est un autre domaine critique où l'IA a fait des progrès significatifs. Les outils éducatifs, les dispositifs de surveillance de la santé et les technologies d'assistance alimentés par l'IA ont amélioré la qualité de vie des enfants, des personnes âgées et des personnes handicapées. Ces technologies offrent un soutien personnalisé et permettent une plus grande indépendance, rendant les tâches quotidiennes plus faciles à gérer.

Toutefois, l'adoption généralisée de l'IA s'accompagne également de considérations et de défis éthiques qu'il convient de relever. Les questions de confidentialité des données, de sécurité, de partialité et de responsabilité sont primordiales. Il est essentiel de veiller à ce que les systèmes d'IA soient équitables, transparents et respectueux de la vie privée des utilisateurs pour instaurer la confiance et promouvoir une utilisation éthique. Des cadres réglementaires solides et des lignes directrices éthiques sont nécessaires pour relever ces défis et faire en sorte que l'IA profite à la société dans son ensemble.

L'avenir de l'IA offre des possibilités passionnantes. Les tendances émergentes en matière de technologie domestique intelligente, de soins de santé personnalisés, de systèmes d'apprentissage adaptatifs et de transport autonome promettent d'améliorer encore nos vies. L'IA deviendra un compagnon à part entière, nous aidant dans nos tâches quotidiennes, soutenant nos efforts créatifs et nous offrant des expériences personnalisées.

Pour se préparer à un monde dominé par l'IA, les individus et les organisations doivent investir dans l'éducation et la formation. La promotion de la culture de l'IA permettra de s'assurer que les gens comprennent le fonctionnement de l'IA et son impact potentiel sur leur vie. L'adaptation de la main-d'œuvre par le biais de programmes de requalification et d'amélioration des compétences aidera les individus à s'adapter à de nouveaux rôles sur un marché de l'emploi en constante évolution. Les gouvernements et les décideurs politiques doivent élaborer et appliquer des réglementations qui protègent les droits des personnes, garantissent la confidentialité des données et encouragent le développement éthique de l'IA.

En conclusion, l'intégration de l'IA dans notre vie quotidienne est un voyage en cours qui offre un immense potentiel d'amélioration de la commodité, de l'efficacité et du bien-être. En adoptant l'IA de manière responsable et éthique, nous pouvons exploiter son pouvoir pour créer un monde meilleur et plus équitable. Le véritable potentiel de l'IA ne réside pas seulement dans ses capacités technologiques, mais aussi dans la manière dont nous choisissons de l'utiliser. Grâce à la collaboration, à l'innovation et à un engagement envers les principes éthiques, nous pouvons façonner un avenir où l'IA servira de catalyseur pour un changement positif, améliorant la qualité de vie de chacun.

À PROPOS DE L'AUTEUR

Nova Lovald est une avocate passionnée du pouvoir de transformation de la technologie, et plus particulièrement de l'intelligence artificielle (IA). Avec une formation en informatique et un intérêt profond pour l'intersection de la technologie et de la société, Nova a consacré sa carrière à l'exploration et à la démystification des complexités de l'IA.

Le parcours de Nova dans le monde de l'IA a commencé par une curiosité insatiable pour la façon dont les machines peuvent imiter l'intelligence humaine et résoudre des problèmes complexes. Cette curiosité l'a conduite à une carrière qui englobe la recherche, le développement et l'enseignement dans le domaine de l'IA. Au fil des ans, Nova a travaillé avec des entreprises technologiques et des instituts de recherche de premier plan, contribuant à des projets révolutionnaires qui repoussent les limites de ce que l'IA peut accomplir.

En plus de son travail professionnel, Nova s'engage à rendre l'IA accessible et compréhensible pour un large public. Par le biais d'écrits, de conférences et d'initiatives éducatives, Nova vise à combler le fossé entre les concepts technologiques avancés et les applications quotidiennes, en aidant les gens à comprendre l'impact profond que l'IA peut avoir sur leur vie.

Façonner l'avenir avec l'IA: Intégrer l'intelligence artificielle dans la vie quotidienne est l'aboutissement des connaissances et de l'expérience approfondies de Nova. Ce livre reflète l'engagement de Nova à informer les autres sur le potentiel de l'IA à transformer les industries, à améliorer l'efficacité et à relever les défis mondiaux. Nova est convaincu qu'en adoptant l'IA, nous pouvons créer un monde plus innovant, plus inclusif et plus connecté.

Lorsqu'elle ne se plonge pas dans le monde de l'IA, Nova aime explorer les nouvelles technologies, lire de la science-fiction et s'engager dans des actions de proximité pour inspirer la prochaine génération de passionnés de technologie.

NOVA LOVALD

Remerciements

"J'aimerais exprimer ma gratitude au modèle de langage d'IA avancé, ChatGPT, pour son aide inestimable dans la création de ce livre. Ses idées, ses suggestions et le contenu qu'il a généré ont contribué de manière significative au développement du manuscrit".

Nova Lovald

Couverture du livre

A propos de l'auteur

Nova Lovald est une avocate passionnée du pouvoir de transformation de la technologie, et plus particulièrement de l'intelligence artificielle (IA). Avec une formation en informatique et un intérêt profond pour l'intersection de la technologie et de la société, Nova a consacré sa carrière à l'exploration et à la démystification des complexités de l'IA. Le parcours de Nova dans le monde de l'IA a commencé par une curiosité insatiable pour la façon dont les machines peuvent imiter l'intelligence humaine et résoudre des problèmes complexes. Cette curiosité l'a conduite à une carrière qui englobe la recherche, le développement et l'enseignement dans le domaine de l'IA. Au fil des ans, Nova a travaillé avec des entreprises technologiques et des instituts de recherche de premier plan, contribuant à des projets révolutionnaires qui repoussent les limites de ce que l'IA peut accomplir.

À propos du livre

Façonner l'avenir avec l'IA: Intégrer l'intelligence artificielle dans la vie quotidienne est une exploration complète de la manière dont l'intelligence artificielle (IA) transforme divers aspects de notre existence quotidienne. Ce livre vise à démystifier l'IA, en illustrant son évolution historique, ses capacités actuelles et son potentiel futur.

En tant qu'auteur, mon voyage dans l'IA a commencé par de la curiosité et s'est transformé en un profond respect pour la capacité de la technologie à résoudre des problèmes complexes, à améliorer l'efficacité et à fournir des solutions innovantes dans différents domaines. L'IA n'est pas seulement un concept futuriste; c'est une réalité actuelle qui façonne les industries, les économies et les vies personnelles.

Ce livre couvre l'histoire de l'IA depuis ses débuts dans les années 1950 jusqu'à ses applications contemporaines. Il détaille les étapes importantes, telles que le développement des systèmes experts, l'hiver de l'IA et la résurgence de l'IA grâce aux technologies d'apprentissage automatique et d'apprentissage profond. Chaque chapitre se penche sur des applications spécifiques de l'IA, de la santé à la finance en passant par la domotique et les transports, en fournissant des exemples concrets et des études de cas pour illustrer l'impact de la technologie.

La résurgence de l'IA au XXIe siècle est alimentée par les progrès de la puissance de calcul, des données volumineuses et des algorithmes sophistiqués. Les technologies d'IA d'aujourd'hui, comme le traitement du langage naturel, la vision par ordinateur et les modèles génératifs, accomplissent des tâches qui nécessitaient autrefois l'intelligence humaine. Les entreprises à la pointe du développement de l'IA, telles que Google, IBM, Microsoft et OpenAI, repoussent les limites de ce que l'IA peut accomplir, faisant d'elle une partie intégrante de la vie moderne.

www.ingramcontent.com/pod-product-compliance
Lightning Source LLC
La Vergne TN
LVHW051319050326
832903LV00031B/3260